# O PSICANALISTA VAI AO CINEMA

*Volume 3*

Blucher

# O PSICANALISTA VAI AO CINEMA

*Volume 3*

Sérgio Telles

2ª edição

*O psicanalista vai ao cinema: volume 3*, 2ª edição

Editora Edgard Blücher Ltda.

*Publisher* Edgard Blücher
*Editor* Eduardo Blücher
*Coordenação editorial* Jonatas Eliakim
*Produção editorial* Isabel Silva e Jonatas Eliakim
*Preparação de texto* Catarina Tolentino
*Diagramação* Guilherme Henrique
*Capa* Leandro Cunha
*Imagem da capa* iStockphoto

**Blucher**

Rua Pedroso Alvarenga, 1245, 4º andar
04531-934 – São Paulo – SP – Brasil
Tel.: 55 11 3078-5366
**contato@blucher.com.br**
**www.blucher.com.br**

Segundo o Novo Acordo Ortográfico, conforme 5. ed. do *Vocabulário Ortográfico da Língua Portuguesa*, Academia Brasileira de Letras, março de 2009.



Dados Internacionais de Catalogação
na Publicação (CIP)
Angélica Ilacqua CRB-8/7057

Telles, Sérgio

O psicanalista vai ao cinema, volume 3 / Sérgio Telles. – 2. ed. – São Paulo : Blucher, 2022.

192 p.

Bibliografia

ISBN 978-65-5506-087-4 (impresso)

ISBN 978-65-5506-088-1 (eletrônico)

1. Psicanálise – Interpretação 2. Psicanálise e cinema I. Título

22-2681 CDD 150.195

Índice para catálogo sistemático:
1. Psicanálise – Interpretação

*Para Lúcia Helena, que também ama o cinema.*

# Prefácio

Enquanto eu era só cinéfilo, sempre me surpreendia com o interesse de psicanalistas pela sétima arte. A surpresa se dava tanto pela constante presença deles em eventos que discutiam filmes, como pela análise diferenciada das obras. Fiquei tão estimulado que fui estudar psicanálise.

Neste novo livro de Sérgio Telles *O psicanalista vai ao cinema*, volume 3, fica muito evidente que a união entre cinema e psicanálise ajuda a entender e refletir a complexidade da mente humana.

Aqui vamos compreender "a perenidade da arte e a transitoriedade da vida" que estão explícitas no filme *A Grande Beleza*, de Paolo Sorrentino. Ao analisar *A Pele que Habito*, de Pedro Almodóvar, Telles nos mostra que os possíveis "excessos" do diretor podem ser vistos como "algo próprio deste novo e desconhecido mundo" em que vivemos. Você já se perguntou por que a nudez masculina ainda escandaliza mais que a feminina? Alguém aí viu *Shame*, do diretor Steve McQueen? E por que algumas pessoas transformam suas pulsões de morte (destrutivas) em suicídios, homicídios, guerras, enquanto outras, como o diretor dinamarquês Lars Von Trier, dão outro destino a essas mesmas pulsões, criando obras de arte?

Sérgio Telles examina essas e outras questões de maneira muito clara. Portanto, o leitor não precisa ser um estudioso de Freud para entender as análises dos filmes. Basta gostar de cinema e querer saber o que realmente está por trás de uma cena, do comportamento de um personagem, ou do estilo de um diretor. O inconsciente revela tudo isso, ou seja, é um prato cheio para o analista.

Este livro é um convite para que você mergulhe nos sonhos projetados nas telas, e saia desta experiência com maior poder de reflexão sobre seus conflitos e os dos outros.

Cunha Jr.
Psicanalista e jornalista cultural,
especialista em cinema

# Apresentação

Este terceiro livro de *O Psicanalista Vai ao Cinema*, assim como os volumes anteriores, traz uma coletânea de textos de origem variada, mas centrados no mesmo objetivo: a divulgação do saber psicanalítico por meio da interpretação e comentários de filmes.

Mais uma vez procurei restringir o jargão profissional ao mínimo possível, para que os leitores leigos possam se apropriar com facilidade dos conteúdos interpretativos. Tal medida não implicou em descuido com a acuidade analítica, o detalhamento da complexidade e profundidade das dinâmicas inconscientes de personagens e enredos, que poderão interessar também aos colegas profissionais da área.

A melhor forma de tirar proveito deste livro é lê-lo depois de ver os filmes analisados. Assim o leitor poderá cotejar suas próprias impressões com as interpretações aqui sugeridas.

Sérgio Telles

# Conteúdo

# 1. *A grande beleza* (*La grande bellezza*, 2003), de Paolo Sorrentino

De incontestável originalidade, o premiado filme de Paolo Sorrentino se insere na nobre tradição do cinema italiano que passa por Rossellini (*Roma, Cidade Aberta*), Antonioni (*A Noite*) e especialmente pelo Fellini de *A Doce Vida*. O filme está centrado no personagem Jep Gambardella que, comemorando seus 65 anos, reflete sobre a vida enquanto circula pelo agitado cotidiano de Roma. Aos vinte anos, Jep escrevera um livro unanimemente elogiado, mas, frustrando as expectativas, afastara-se da literatura e se dedicara a uma espécie de jornalismo cultural ou colunismo social.

Sorrentino usa as peripécias de Jep Gambardella para o exercício de uma crítica de costumes, mas o tema maior de seu filme polifônico é a relação entre vida e arte. Tal questão já se anuncia no início, com a epígrafe de Céline, retirada de seu livro *Viagem ao Fim da Noite*:

> *Viajar é muito útil e estimula a imaginação. Tudo o mais é desilusão e dor. Nossa própria viagem é inteiramente imaginária. Essa é sua força. Ela vai da vida à morte.*

*Pessoas, animais, cidades, coisas, tudo é imaginação. É um romance, simplesmente uma ficção narrativa.*

As fronteiras entre vida e arte ocupam também as cenas iniciais. À grandeza arquitetônica de Roma e à sublime música sacra, contrapõe-se a vida corriqueira, o turismo de massa, os habitantes da cidade que tratam de forma utilitária a grande arte. O gordo se refresca no espelho d'água da igreja magnífica e as pessoas no parque se apoiam em bustos de mármore, ilustrando a antinomia entre o congelamento eterno na obra de arte e a fragilidade corruptível da carne. A perenidade da arte e a transitoriedade da vida ficam ainda mais explícitas com a morte súbita do turista japonês.

Sorrentino critica a vulgaridade da mídia e a venalidade do mercado, que procuram reduzir a arte a itens de consumo de luxo para os muito ricos. Ele acredita nos valores intrínsecos estéticos e éticos da arte, acessíveis a quem quiser encontrá-los, como mostra o "homem confiável", personagem que "detém as chaves dos maiores tesouros de Roma". O acesso mediado à obra de arte remete ao esforço necessário para compreendê-la, conhecer seu contexto histórico e as dificuldades técnicas envolvidas em sua execução, muitas vezes de longa e penosa elaboração. Mal se percebem tais questões nas obras de muitos dos atuais "gênios" fabricados pelo mercado de arte e divulgados na mídia, como a performer que se joga contra paredes (uma possível referência às performances de Marina Abramovich) e da menina que pinta à maneira de Pollock, um artista cujo *modus faciendi* já provocou muita polêmica.

Jep é antes de tudo um artista. Lembra que, na adolescência, quando seus amigos se perguntavam o que mais os atraía, a resposta em geral era o sexo. Mas com ele era diferente, o que mais o interessava era o "cheiro da casa de velhos", pois "estava destinado à sensibilidade, a ser um escritor". De fato, o artista é aquele que sublima as pulsões, transformando a sensualidade em sensibilidade, em lembranças, odores, recordações. Sua condição de artista, muitas vezes evocada no filme, é mostrada de maneira sutil no encontro casual com Fanny Ardant, que aparece em *cameo role*. É um momento intenso de respeitoso reconhecimento mútuo, pleno de significados em seu silêncio e fugacidade.

Atrás da aparente frivolidade debochada, Jep se revela compassivo e tolerante. É o que se vê nos episódios com o viúvo de seu grande amor, Elisa, com o filho suicida da amiga, com a angustiada stripper a quem devolve a dignidade e mesmo com a amiga que se vangloria de ter uma vida rica e produtiva e que o acusa de leviandade. Jep rebate suas acusações, lamentando a arrogância com que ela proclama sua suposta superioridade, sem reconhecer que estavam todos lidando com dificuldades semelhantes. Quanto à produção literária, fala da irrelevância dos muitos livros que ela escreveu, cuja publicação fora motivada não pelo valor das obras e sim por outros interesses. Mais vale um único livro bom, reconhecido pela crítica e pelo público, do que uma enxurrada de livros ruins publicados por politicagem, diz ele.

Esse é um ponto importante, pois muitas vezes Jep é questionado por não ter escrito outros livros.

A questão da amoralidade dos costumes e o impasse de Jep em sua carreira literária adquire um novo patamar ao entrar em cena Irmã Maria, personagem calcada na figura polêmica de Madre Teresa de Calcutá. Tida como santa, ela vive na África, mas está em Roma, onde havia morado muitos anos antes, ocasião em que lera o então recém-lançado livro de Jep, que muito a impressionara. Irmã Maria pede para vê-lo e se organiza um jantar na casa dele, no qual sua editora acredita poder negociar uma entrevista exclusiva com a freira.

O expectador é levado a ver Irmã Maria como mais uma fraude em um mundo cheio de embustes. A própria igreja, representada pelo cardeal cotado para ser o papa seguinte, mostra-se como uma estrutura de poder corrupta e mundana. Todavia aos poucos se constata que a religiosa efetivamente faz o que prega em termos de pobreza e mortificações, visando o crescimento espiritual. A determinada altura do jantar, Irmã Maria desaparece e Jep a encontra adormecida no chão de outro aposento, próximo a um terraço inesperadamente ocupado por flamingos, que, numa pausa em seu voo migratório, parecem velar o sono da religiosa. Irmã Maria acorda e sopra na direção deles, provocando uma revoada dos pássaros que retomam sua viagem. É um instante mágico, milagroso, que confirma o poder sobrenatural da santa.

A cena não deve ser entendida como uma afirmação de religiosidade por parte de Sorrentino. Metaforicamente, ele propõe que, apesar de vivermos um momento cultural em que os princípios civilizatórios parecem reduzidos a hábitos de consumo, eles não foram efetivamente destruídos. Persistem na arte, em lugares guardados por "homens confiáveis" ou no íntimo de pessoas como aquela velha mulher que dorme no chão, come raízes e se exaure para subir de joelhos a escada de uma igreja em busca de elevação espiritual.

Se os mais pessimistas se desesperam e fazem uma analogia entre o momento cultural e o estado de desestruturação das instâncias psíquicas característico da psicose, Sorrentino os tranquiliza afirmando que as estruturas não foram destruídas, elas permanecem, especialmente o ideal do ego, a possibilidade de sublimar e recriar o que foi destruído.

A importância do personagem de Irmã Maria se evidencia também no fato de ser ela o único interlocutor a quem Jep se digna responder o motivo pelo qual não escrevera outro livro, pergunta feita por muitas outras pessoas e nunca respondida com seriedade. Para Irmã Maria, ele diz que "procurava a grande beleza" e que não a encontrou.

A "grande beleza" estava ligada a lembranças de um antigo verão no qual encontrara Elisa, seu primeiro amor, e tivera um vislumbre marcante da morte ao escapar ileso de um acidente enquanto nadava no mar. No transcorrer do filme, fragmentos desses acontecimentos foram mostrados, mas somente na conversa com Irmã Maria o quadro se completa. O luto por aquele grande amor se encerra, a procura pela "grande beleza" chega ao fim e Jep fica finalmente livre para escrever outro livro.

Jep aceita a inexistência de uma "grande beleza" idealizada, dela só restam vestígios no meio do imenso "blá blá blá" da vida. Cabe ao artista reconhecer e recolher esses rastros no meio da vulgaridade e banalidade e com eles construir sua obra.

Apesar de louvar a condição do artista, Sorrentino não alimenta qualquer mistificação da arte. O artista não deve se levar muito a sério, não deve posar de senhor da verdade, deve ter humildade. Ele tem de lembrar que, diante da morte, até mesmo a arte "é apenas um truque", como diz Jep parodiando seu amigo mágico.

A poética fala final de Jep sintetiza bem as ideias do filme:

*É assim como sempre termina.*

*Com a morte.*

*Mas antes tem a vida.*

*Escondida atrás do blá-blá-blá.*

*Está tudo ali, no meio do zum-zum e do rumor.*

*Silêncio e sentimento.*

*Emoção e medo.*

*Os surrados e inconstantes clarões de beleza.*

*E então a humanidade esquálida e miserável.*

*Tudo coberto sob a capa do constrangimento de estar no mundo*

*blá-blá -blá ....*

# 2. *Eu, Mamãe e os Meninos* (*Les Garçons et Guillaume, à table!*, 2013), de Guillaume Gallienne

Guillaume Gallienne escreveu o roteiro, interpretou dois papéis (o dele mesmo e o da mãe) e dirigiu *Eu, Mamãe e os Meninos*. O filme foi exibido na Semana dos Diretores do Festival de Cannes de 2013, quando ganhou o Prêmio Cinema de Arte e o Prêmio SACD (*Societé des Auteurs et Compositeurs Dramatiques*). Em janeiro 2014, concorreu em 10 categorias do 39º Prêmio Cesar francês e ganhou o de Melhor Filme e Melhor Primeiro Filme.

A história, com fortes elementos autobiográficos, é simples. Com dois irmãos, Guillaume é tratado sistematicamente como menina pela mãe. Na hora de chamar os filhos à mesa, ela diz: "Meninos, Guillaume, para a mesa!", negando-lhe a masculinidade compartilhada com os irmãos e o colocando como um ser aparte, de sexo indefinido.

Extremamente ligado à mãe, de quem se transforma numa cópia ao se apropriar de seus maneirismos, Guillaume se toma um menino efeminado, motivo de constantes ataques e ridicularização por parte dos irmãos e espanto do pai, que não o compreende e o larga com a mãe quando sai com os outros dois filhos, especialmente durante as férias. Ele muda constantemente de colégio, é enviado para estudar na Inglaterra, mas nada altera o comportamento de Guillaume, que não se adéqua aos modos masculinos, aos esportes e só pensa nas atividades femininas da mãe.

Apaixona-se por um colega e se desespera quando o vê com uma namorada. Ao desabafar com a mãe sua tristeza, ela tenta tranquilizá-lo dizendo que "há homossexuais felizes". Tal afirmação o deixa perplexo, pois até então se via como uma menina, uma filha, e não como um menino e, ainda por cima, homossexual.

A partir daí, em conversas com as amigas da mãe e tias, resolve testar sua sexualidade, frequentando ambientes gays e tentando concretizar encontros homossexuais. Num deles, em uma manifestação de racismo diferente do habitual, é rejeitado por não ser árabe; no outro, a visão do parceiro nu o faz pensar num cavalo, animal do qual tem fobia desde criança. Em ambos os encontros, fracassa a consumação do ato.

Guillaume procura vencer o medo de cavalo, um claro símbolo fálico, em aulas de equitação, nas quais um tranquilo professor o ensina a cavalgar e a "confiar no animal". Adiante, Guillaume encontra Amandine, por quem se apaixona. No jantar só de mulheres no qual a conhece, se delicia ao ouvir a anfitriã chamar o grupo para a refeição: "Meninas e Guillaume, à mesa". Finalmente é reconhecido como homem, o que sua mãe se negava a fazer.

O personagem está alienado no desejo da mãe e se identifica com a imagem que ela lhe fornece. Seguindo a designação da progenitora, no início ele se vê como mulher e em seguida como homossexual. Somente num último estágio se enxerga com os próprios olhos, reconhece o próprio desejo como homem.

Na fala final, Guillaume diz ter finalmente entendido o dilema no qual vivera até então. Tinha aceitado ser a filha mulher que a mãe nunca tivera por que isso lhe garantia a posição de preferido entre os irmãos. Acredita que a mãe não tolerava sua masculinidade por não aceitar que ele amasse outra mulher que não ela. A mãe não entendia que somente por amá-la tanto é que ele poderia amar outras mulheres.

A relação narcísica mãe-filho e suas repercussões na determinação do gênero e escolha sexual ficam muito claras no filme. Por motivos inconscientes não explicitados, a mãe de Guillaume se nega a vê-lo como homem, coloca-o na posição da filha que não teve e posteriormente como homossexual. O pai – por omissão – endossa a visão da mulher, pois não defende a masculinidade do filho, deixando que a mãe o absorva e se imponha como modelo identificatório. Guillaume se submete para não perder a primazia no amor da mãe e por falta de investimento do pai.

Perder o medo do cavalo é a forma de encontrar a identidade masculina. Para tanto necessita da asseguradora figura paterna do treinador, que, em cena tocante, o ensina a não ter medo da própria masculinidade.

No final, Guillaume avisa a mãe que vai se casar com Amandine e que escreverá uma peça contando suas peripécias para se encontrar como homem.

A originalidade do filme reside no fato de inverter o roteiro com o qual estamos mais habituados, no qual o que está reprimido é a homossexualidade e não, como é o caso aqui, a heterossexualidade. É também uma boa sacada o fato de Guillaume representar a si mesmo e à mãe até o momento em que se discrimina dela e reencontra sua subjetividade, quando ela passa a ser interpretada por uma atriz.

A perplexidade, a procura e a descoberta de Guillaume são tratadas em tom de comédia, sem resvalar para os estereótipos habituais. São cômicas as várias idas a psiquiatras e psicanalistas, a fuga do exército, os desencontros com o pai – especialmente ao ser flagrado por ele no momento em que se imagina como Sissi, a imperatriz da Áustria.

A estrutura narrativa do filme é interessante. Começa com um ator se preparando para entrar em cena no teatro. É Guillaume protagonizando a peça que no final do filme dirá à mãe que vai escrever.

Circulando com habilidade entre os registros realístico e imaginário, Guillaume Gallienne elabora por meio da criação artística seus traumas, deixando que a sublimação recrie seus objetos danificados e alivie suas feridas narcísicas.

O filme pode ser visto como uma fábula sobre a constituição da identidade sexual, na qual joga papel decisivo o desejo dos pais (especialmente da mãe) e as identificações realizadas pela criança a partir daí.

O longa-metragem é também interessante por ilustrar de forma precisa uma das explicações de Freud sobre a homossexualidade, ideias atualmente questionadas pela Queer Theory.

# 3. *A caça* (*Jagten*, 2012), de Thomas Vinterberg[1]

Em meio a brincadeiras, uma menina de cinco anos proveniente de uma família disfuncional beija levemente os lábios de seu professor, a quem entrega um bilhete amoroso. Com delicadeza e sensibilidade, ele tenta reendereçar suas declarações de amor a quem julga de direito, ou seja, o pai ou um menino de sua idade. Ressentida por entender essa atitude como rejeição, a menina faz uma queixa ambígua contra o professor para a diretora da escola, que a entende como indício de abuso sexual e aciona a engrenagem social que ciosamente se posiciona para punir o "pedófilo".

Embora precipitada e malconduzida, a atitude da diretora parece justificável. Afinal, os pedófilos existem e se concentram exatamente nas atividades que favorecem o contato com as crianças, haja vista o grande escândalo dos padres pedófilos que continua a abalar o Vaticano.

É esse o enredo do excelente *A caça*, de Vinterberg, do saudoso grupo dinamarquês Dogma 95. Seu mérito maior é mostrar como

1 Publicado no Caderno 2 do jornal *O Estado de São Paulo*, em 30/03/2013.

é quase impossível lidar de forma objetiva com a pedofilia, tão assustadora ela se nos apresenta. No afã de punir imediatamente o acusado de crime tão abominável, os juízes terminam por praticar crimes tão graves quanto aquele que pretendiam punir.

O filme mostra a complexidade da situação que se esconde atrás da ensandecida caça às bruxas que nestas ocasiões costuma ser empreendida, como bem ilustra o episódio Escola Base, ocorrida entre nós há cerca de vinte anos.

O ângulo escolhido por Vinterberg para abordar o problema é instigante. Em *Festa de Família*, seu filme de 1998, focou na evidente patologia de um pai pedófilo incestuoso, com os graves problemas que provoca em suas vítimas e em si mesmo. Seu olhar agora incide sobre uma região mais nebulosa, na qual a patologia é mais difusa e difícil de diagnosticar. Ela se esconde numa suposta normalidade que cria um pedófilo imaginário para nele projetar suas próprias fantasias eróticas e desejos reprimidos. Em assim fazendo, Vinterberg mostra como é incerta a linha de demarcação entre normalidade e patologia.

É verdade que a figura do professor tem certa ambiguidade. Sua mulher, de quem está separado e que se recusa a lhe dar a guarda compartilhada do filho adolescente, o acusa de não ter um emprego decente, pois, com mais de 40 anos, ainda trabalha numa escola maternal. Ou seja, ele não corresponde às expectativas que a sociedade estabelece para as pessoas de seu sexo e de sua idade.

Talvez essa condição facilite a escolha de sua pessoa como alvo das fantasias provenientes de vários setores da comunidade. Fantasias eróticas da menina, que está às voltas com um complexo de Édipo instalado numa família conflituada pelas frequentes brigas dos pais, o que a leva a fugir de casa com frequência; além disso, ela é precocemente exposta à crueza do sexo, desde que o irmão adolescente lhe mostra imagens pornográficas. Fantasias homoeróticas e agressivas dos amigos. Fantasias das fanadas professoras incapazes de articular o desejo em relação ao atraente colega, único homem com quem convivem na escola, incapacidade não compartilhada pela humilde atendente que o seduz, uma imigrante de origem árabe perdida no remoto reino da Dinamarca, onde, de longa data, Shakespeare dizia haver algo de podre.

No que diz respeito às crianças, o filme mostra corretamente que elas não devem ser idealizadas, como o narcisismo dos pais costuma fazer. Ao descrever a sexualidade infantil Freud provocou grande espanto, pois até então se confundia sexualidade e genitalidade, o que levava à errônea conclusão de que a sexualidade não existia na infância e só aparecia com a puberdade e a adolescência. Se até Freud todas as manifestações da sexualidade infantil foram sistematicamente negadas, o mesmo aconteceu, e talvez de forma ainda mais intensa, com a agressividade das crianças. A prova disso é o *bullying*, comportamento desde sempre presente nas salas de aula e cuja dimensão destrutiva e violenta só muito recentemente foi devidamente reconhecida, possibilitando a criação de medidas adequadas para combatê-lo. As crianças não são anjos nem demônios, são apenas frágeis seres humanos em formação, com suas pulsões agressivas e sexuais desabrochando e, por isso mesmo, necessitadas de proteção e orientação por parte dos adultos, que supostamente já teriam aprendido a lidar com essas mesmas pulsões, o que, infelizmente, nem sempre é verdade.

O fato de nos tomarmos adultos e envelhecermos não nos garante a maturidade emocional e afetiva. Nosso lado infantil continuará sempre conosco e muitas vezes tomará indevidamente o controle de nossa vida mental, provocando transtornos e dificuldades.

Assim como deixa imprecisos os limites entre normalidade e patologia, Vinterberg mostra como é tênue a linha divisória entre a vida adulta e a infância. No momento em que o filho do professor cumpre com os ritos de iniciação da sociedade de caçadores, é cantada uma canção que afirma ser aquele o momento em que "o menino vira homem e os homens viram meninos".

A cena é decisiva porque ressalta a incongruência que efetivamente existe entre o tempo cronológico da realidade material externa e a atemporalidade do inconsciente, o que faz com que os homens (os adultos) estejam sempre voltando a ser crianças, ou seja, a manter a irracionalidade regida pela afetividade mais arcaica.

Ademais, ela é particularmente marcante na medida em que evidencia a presença da destrutividade, manifestação inequívoca da pulsão de morte. A caça, esporte masculino por excelência, é uma evidência do prazer de matar. A pulsão de morte está presente desde os primórdios da vida, mas na iniciação da sociedade de caçadores o desejo de matar ganha uma sanção simbólica ritualizada, fruto de uma sublimação que mal esconde os fundamentos sobre os quais se assenta.

É repleto de significação que o menino (a criança) se transforme em homem (o adulto) quando pode expressar civilizadamente o desejo de matar. Mas, não nos esqueçamos, os homens podem voltar a ser meninos e, regidos pelos mais primitivos impulsos, podem regredir à barbárie e fazer a guerra.

O desejo de matar o próximo se dá não só mediante sua eliminação física, mas também indiretamente pela difamação, a rejeição, a exclusão do convívio social. Vemos no filme que, afastada a racionalização que até certo ponto explicaria o ódio e o desejo de destruir o professor (o suposto abuso sexual), persiste a hostilidade contra ele, pois ela se sustenta em outros inconfessados motivos (o amor reprimido, a competição, a rivalidade).

Vinterberg nos mostra como sexualidade e destrutividade, por não se deixarem domar por inteiro, são forças que não cessam de nos desafiar.

# 4. *Amor* (*Amour*, 2012), de Michael Haneke[1]

Velhice, deterioração do corpo, proximidade da morte são dolorosos aspectos da realidade que preferimos esquecer, assuntos desagradáveis e evitados sempre que possível. Quando, vencendo a resistência, eles se impõem à nossa atenção, logo são amenizados por considerações lenitivas ou substituídas por itens mais tranquilizadores.

O que pensar de um filme como *Amor*, de Haneke, centrado exatamente nesses temas? Pois embora o título aponte para a relação amorosa do idoso casal de músicos cuja rotina é destruída pela irrupção de um acidente vascular cerebral, o verdadeiro protagonista do filme é a degradação do corpo e da mente trazida pelo envelhecimento.

É possível gostar de *Amor*? Ou fazê-lo é algo aberrante, um gozar com o sofrimento, um sintoma masoquista?

Essa é uma questão interessante. Para respondê-la devemos, em primeiro lugar, levar em conta que o contato com a realidade é imprescindível e não pode ser rompido sem o risco de graves

---

1 Publicado no Caderno 2 do jornal *O Estado de São Paulo*, em 02/02/2013.

consequências, senão fatais. Mas, como Freud nos mostrou, não fomos feitos para tolerar a realidade de forma contínua e ininterrupta. Dela necessitamos nos afastar periodicamente por meio do sono e do sonho, para, retemperados, suportar suas severas exigências. Mesmo durante a vigília, com frequência escapamos dos grilhões da realidade por meio dos sonhos diurnos, das fantasias e devaneios.

De longa data a humanidade usa artifícios para tornar mais toleráveis as agruras da vida, como as drogas, com variadas crenças e ideologias. A esses recursos tradicionais, nossa época acrescentou a larga produção de entretenimentos empreendida pela indústria cultural, evidenciando nossa insaciável demanda por essa matéria, tão necessária para a vida psíquica quanto a alimentação o é para o corpo.

Sem negar a necessidade e a importância de medidas paliativas eficazes a curto prazo, devemos ter em conta que a arte, ao contrário do entretenimento, que tudo transforma em leve e agradável passatempo, não visa primordialmente acalmar e tranquilizar e sim expressar a complexidade da experiência humana, cujo leque de opções e escolhas, aberturas e impasses não pode ocultar o mesmo e inevitável desfecho.

A arte proporciona uma maior compreensão de nossa realidade psíquica, dos movimentos incessantes de nossos afetos, de nossas antinomias e descompassos, do fato de sermos divididos, vivermos em permanente conflito interno, plenos de contradições. É no compartilhar desse entendimento que a psicanálise e a arte estarão para sempre indissoluvelmente unidas, imbatíveis ao refletir a complexidade da mente, sua lógica própria, sua linguagem cifrada.

O reconhecimento da realidade interna e externa possibilitado pela arte e pela psicanálise não leva a uma acomodada aceitação dessas e sim a uma visão crítica que estimula a disposição para transformá-las, visando uma concretização possível dos próprios desejos e objetivos. Em última instância, a psicanálise e a arte ajudam, sim, àqueles que delas se aproximam, mas de forma diferente do aporte apaziguador que atenua ou nega a realidade proporcionado pelo entretenimento e pelas terapias de apoio, o que não significa que estes procedimentos não tenham alguma importância na economia psíquica, como vimos acima.

Levando em conta esses pontos, conclui-se que gostar de um filme como *Amor* está longe de poder ser considerado uma manifestação masoquista e mais se inscreve como apreciação da arte. É o mesmo que gostar da novela *A morte de Ivan Ilitch*, de Tolstói, da qual *Amor* bem que poderia ser considerado um equivalente cinematográfico. Ambas as obras se contrapõem e contrastam com os textos piedosos ou de autoajuda, ilustrando bem as diferenças de abordagens do tema.

O filme de Haneke se coloca no centro de um dos debates mais importantes dos dias de hoje: o direito de morrer quando a existência se prolonga em doenças incuráveis, despojando a vida de toda dignidade. Com amplas implicações éticas, políticas e jurídicas, a cuidadosa avaliação da eutanásia acrescenta novas nuances e significações aos conceitos de homicídio e suicídio. Em tempos futuros, com leis mais realistas e a ajuda humanitária dos médicos, impasses como os vividos pelos personagens do filme teriam outro encaminhamento, bem menos traumático.

O filme aponta um delicado desdobramento dessa questão, que reafirma a complexidade do problema. Do ponto de vista ético, moral e afetivo, teria o pai o direito de tomar aquelas decisões sem levar em conta o que provocariam na filha?

A atitude do pai está condizente com a forma distante e fria com que o casal tratava a filha. Instalada a doença da mulher, o pai tenta impedir a filha de compartilhar o sofrimento comum, excluindo-a, como se não admitisse que ela estava necessária e legitimamente envolvida na situação. Vemos aos poucos que o "amor" mencionado no título tem uma conotação restrita e específica, circunscrito que é à relação do casal, não se estendendo à filha. Trata-se de um amor conjugal que não inclui o amor filial, familiar. O amor à prole, à descendência (filha e neto) poderia ser um elo a prender o pai à vida. A escolha feita por ele mostra quão tênue ou mesmo inexistente era este vínculo.

A cena final mostra a filha tomando posse da herança deixada pelos pais. Além dos bens materiais representados pelo apartamento, qual seria o legado recebido? Como a filha entenderia o gesto radical do pai? Um exemplo de respeito à vida, de recusa em continuar existindo em condições indignas e desumanas, o assumir o direito de morrer, a não submissão às convenções sociais? Ou mais uma demonstração de descaso e desamor para com ela e o neto?

Dentro do registro contido do filme, parecem deslocadas as cenas com o pombo. Seria a vida persistindo em invadir uma casa já tomada pela morte? De qualquer forma, um desnecessário simbolismo "poético", um tanto constrangedor e piegas, destoante do tom seco e despojado mantido até então.

Os que admiraram o realismo e a falta de concessões com os quais Haneke trata um tema tão difícil, seguramente apreciariam também *Iris*, excelente filme inglês de Richard Eyre, que, tal como *Amor* nos dias de hoje, foi indicado para várias categorias do Oscar, em 2002. Iris narra a vida do casal de escritores ingleses Iris Murdoch e John Bayley, seguindo-os da juventude até o declínio final trazido pelo Alzheimer.

# 5. *Depois de Lucia* (*Después de Lucía*, 2012), de Michel Franco

É quase insuportável assistir à *Depois de Lucia*, filme do mexicano Michel Franco que recebeu o prêmio *Un Certain Regard*, no festival de Cannes de 2012. Não por ser um filme ruim, mas pela dureza com que Michel Franco conduz sua narrativa, gerando no expectador um desconforto que atinge níveis transbordantes e que perdura mesmo depois do final inquietante.

Muito fica subentendido no enredo contado de forma reticente. Pai e filha mudam-se de Puerto Vallarta, cidade na costa do Pacífico, para a Cidade do México, após a morte, num acidente de carro, de Lúcia, esposa e mãe da família. O pai procura trabalhar como chef em um restaurante; a filha tenta se adaptar à nova escola. Ele mostra dificuldades para se entrosar no novo emprego; a menina, ansiosa para agradar ao novo grupo, se envolve em uma situação embaraçosa – tem um vídeo colocado na internet – que a deixa exposta a intenso e infindável *bullying*, ao qual se submete em silêncio, sem esboçar nenhuma resistência. Quando os adultos finalmente tomam conhecimento desses fatos, a destrutividade toma novos e inesperados rumos.

A incapacidade de elaborar o luto parece ser a causa de tudo. Mãe e filha estavam no carro no qual o acidente ocorrera e a filha – inferimos no desenrolar do filme – está submersa na culpa comum aos sobreviventes. A passividade masoquista com que se submete aos tormentos do *bullying* que sofre no colégio mostra a necessidade de punição por se sentir culpada pela morte da mãe, que concretiza a fantasia de triunfo edípico: matou a rival e restou como único objeto de amor do pai.

Pai e filha não falam sobre a morte de Lucia. Seu nome só é mencionado rapidamente num inquérito policial. A menina diz para os colegas que a mãe está viva morando noutra cidade, o pai abandona na rua o carro consertado depois do acidente.

Para enfrentar a perda de Lúcia, ambos têm como único recurso emocional a negação. Eles pensam que a mudança geográfica os liberaria dos sentimentos penosos trazidos pela morte dela.

O bullying é um mecanismo grupal pelo qual um "bode expiatório", objeto de projeções maciças do grupo, é escolhido e sacrificado. É uma forma patológica de manejar as tensões do grupo, descarregando sobre um de seus membros, geralmente o mais frágil e indefeso, a agressividade de todos. Apenas muito recentemente rompeu-se a negação que envolvia tal fenômeno em grupos adultos ou infanto-juvenis. Nas escolas, onde é tão comum, até bem recentemente era ignorado e considerado como "brincadeiras" sem maiores consequências. É importante que o *bullying* seja reconhecido e combatido, e que ajuda psicológica seja dada ao grupo e especialmente àqueles que sofreram mais diretamente os ataques agressivos.

Uma das reflexões que dificilmente qualquer um que veja o filme deixa de fazer é sobre a maldade humana. Como a agressividade do grupo se volta contra os mais frágeis e incapazes de se defender, somos levados a concluir que o que impede o exercício da destrutividade sobre o outro não é a compaixão e o respeito, mas apenas o medo da retaliação. No momento em que fica claro que a violência não será revidada, que, por algum motivo o atacado não reagirá com igual força, em vez de se arrefecer o ímpeto de destruir o indefeso, intensifica-se a agressão, deixando-a fora de qualquer controle.

# 6. *A pele que habito* (*La piel que habito*, 2011), de Pedro Almodóvar[1]

Uma das características da contemporaneidade é a diferente moralidade frente às práticas sexuais. Esta radical mudança decorre, entre outros fatores, dos movimentos de liberação feminista e LGBTQIA+. Nessa luta, ambas as partes tiveram o auxílio dos avanços da tecnociência, que estabeleceram métodos anticoncepcionais seguros e possibilitaram profundas intervenções no corpo. A pílula libertou a sexualidade da mulher, até então restringida pelo risco de gravidez. A tecnologia alterou as modalidades da reprodução humana (fertilização in vitro, implantação do ovo em barrigas de aluguel etc), a ponto de, estritamente falando, sua realização prescindir da forma biológica natural, configurada pela cópula de dois seres de sexos opostos. Além disso, os avanços da medicina, por meio da manipulação hormonal e de novos procedimentos cirúrgicos, propiciaram alterações radicais no corpo, tomando viável até mesmo a mudança de sexo.

1 Uma versão resumida desse artigo foi publicada no Caderno 2 do jornal *O Estado de São Paulo*, em 12/11/2011.

Acompanhando essas transformações, os costumes passaram a aceitar novas formas de relacionamentos, como as famílias reconstituídas após o divórcio, a união estável protegida pela lei entre casais heterossexuais e a união civil homoafetiva, que abriu espaço para que pares homossexuais postulassem uma nova forma de parentalidade, por meio da adoção de filhos ou da concepção por meio dos recursos tecnológicos, quando gametas doados por terceiros ou por um dos interessados são fertilizados *in vitro* e implantados em um útero de aluguel ou de um dos cônjuges, no caso de um casal homossexual feminino. Essas diferentes configurações familiares, essas inquietantes possibilidades de manipulação do corpo levando até a mudança de sexo, estão no centro do universo mostrado nas obras de Almodóvar.

Aquilo que em seus filmes nos provoca estranhamento decorreria das características desse novo e desconhecido mundo, do qual Almodóvar é um dos primeiros cartógrafos. A estranheza de seus filmes reflete aspectos da contemporaneidade que ainda nos parecem obscuros e pouco familiares. E, quem sabe, a roupagem melodramática com a qual os reveste seja um recurso para torná-los mais palatáveis para o grande público, disfarçando a dimensão trágica neles implícita.

Apesar de não ter um roteiro de sua autoria, pois se baseia no livro *Mygale,* do escritor francês Thierry Jonquet, *A pele que habito*, de Almodóvar, é uma boa vitrine de seu mundo ficcional marcado pelo excesso, pelo *kitsch* no qual circulam personagens a um passo do caricato. O que nos prende a uma trama como esta, cheia de reviravoltas rocambolescas, que não se preocupa com a verossimilhança e que beira o ridículo? O que é que nos faz ficar entre um distanciamento crítico irônico e a fascinação frente aos inacreditáveis transbordamentos que nos são apresentados? Será que, por se afastar tanto da realidade cotidiana, captamos o enredo como uma fantasia não lapidada que emerge de nossos desejos inconscientes mais reprimidos e secretos? Poderia ser uma versão não burilada do que Freud chama de "romance familiar", a forma como a mente infantil ficcionaliza o mistério do amor entre os pais, os ciúmes entre os irmãos, o vasto enigma das diferenças anatômicas sexuais, a bissexualidade e a castração?

Sob esse prisma, os temas de *A pele que habito* são atemporais e desde sempre presentes no inconsciente de todos. É interessante observar que ao construir suas personagens e as situações-limite por elas vividas, Almodóvar fica próximo de postulados psicanalíticos, por um lado confirmando a opinião de Freud de que os artistas têm uma compreensão intuitiva dos conflitos inconscientes, por outro, permitindo perceber que aquilo que nos parece inusitado, se apoia em antigas fantasias. O que há de novo é a condição de expressá-las abertamente, decorrente do abrandamento da censura social, e a possibilidade de concretizá-las na realidade, em função dos já mencionados avanços da tecnociência.

Em *A pele que habito* vemos a sucessão de eventos desastrosos que ocorrem numa família disfuncional. Diante da esterilidade da mulher, o sr. Ledgard engravida a empregada Marília e se apropria do fruto dessa união, que é criado como filho seu e de sua mulher incapaz de conceber. Marília continua trabalhando para o casal e, em seguida, engravida de outro homem, gerando um segundo filho. Os meninos não sabem que são irmãos por parte de mãe. Robert, o mais velho, acredita ser filho dos patrões de Marília e o outro, Zeca, se vê como filho único ilegítimo, desconhecendo o pai.

Marília, impedida de exercer plenamente a função materna com os dois filhos, tem com eles uma relação desequilibrada, estimulando uma forte rivalidade entre os dois ao expressar preferência pelo mais velho criado pelos patrões, deixando que o outro se crie "na rua". Ao crescerem, Robert vai estudar Medicina e Zeca se entrega à marginalidade. Numa ocasião, para escapar da polícia, Zeca procura abrigo na casa de Ledgard, quando conhece Gal, mulher de Robert, convencendo-a a abandonar o marido e acompanhá-lo. Na fuga, ocorre um acidente de carro e Gal sofre graves queimaduras. Zeca a abandona no local, de onde é resgatada por Robert, que passa então a tentar criar uma pele sintética visando reparar suas lesões. O tratamento é demorado e Gal fica longamente reclusa em casa, sem querer se olhar no espelho e ver as lesões que deformaram seu rosto.

Durante uma festividade, da qual participava a filha do casal, ela vê seu próprio reflexo em um vidro e, aterrorizada com sua aparência, joga-se da janela de um andar superior da casa, morrendo na frente da filha. Por sua vez, as pesquisas de Robert em tomo da pele artificial são condenadas como antiéticas e rejeitadas pelas autoridades médicas. Abalado, Robert não obedece inteiramente a sanção e continua clandestinamente com suas experiências e a prática cirúrgica.

A filha de Robert, traumatizada com o suicídio da mãe, que presenciou, vive num hospital psiquiátrico. Já mocinha, recebe autorização para ir a uma festa de casamento. Lá conhece Vicente, que tenta seduzi-la em jardim no qual outros jovens se entregam a jogos eróticos. Os avanços do jovem casal ocorrem enquanto a cantora que animava a festa entoa a música que a filha de Robert cantarolava no momento em que a mãe se jogou da janela, morrendo a seus pés. A intensidade do desejo e a lembrança do suicídio da mãe desorganizam psiquicamente a moça e assustam o rapaz, que a deixa sem terem consumado a relação. Robert, ouvindo os gritos da filha a procura no jardim. Em grande perturbação, ela confunde o pai com o rapaz e o acusa de querer deflorá-la, persistindo nesse delírio até suicidar-se, algum tempo depois, tal como fizera a mãe.

Robert procura saber quem era o rapaz que estava com a filha, descobrindo que Vicente é o filho de uma lojista que vendia roupas femininas. Sequestra-o e o aprisiona em sua casa, submetendo-o a uma série de cirurgias que não só mudam seu sexo como o transformam num sósia de Gal, sua mulher suicida, mãe de sua filha também suicida.

Marília, que se afastara da casa, volta a trabalhar ali, quando toma conhecimento da existência de Vera, uma paciente mantida em isolamento, de quem passa a cuidar. Na verdade, Vera é Vicente depois das cirurgias que mudaram seu sexo e o transformaram numa cópia de Gal.

Como algo característico da compulsão à repetição, Zeca, o filho delinquente de Marília, retoma à casa fantasiado de tigre, pois é carnaval. Tal como na vez anterior, necessita se abrigar ali por ter participado de um roubo em uma joalheria e a polícia estar em seu encalço. A mãe o acolhe novamente e ele encontra Vera. Compreensivelmente, Zeca a confunde com Gal e a estupra, quando é assassinado pelo meio-irmão Robert. Chamada por Robert para ajudá-lo a destruir as provas do crime, Marília – que não se mostra chocada com a morte de Zeca – conta para Vera/Vicente a confusa história de seus dois filhos.

Robert, que tenta abandonar sua lucrativa clínica cirúrgica, encontra oposição por parte de seus colegas, que o ameaçam com chantagens e denúncias, pois sabem que ele havia sequestrado Vicente, o mantivera em cárcere privado e lhe impusera a cirurgia de mudança de sexo. Ouvindo essa conversa, Vera/Vicente curiosamente defende Robert, afirmando ter procurado a clínica por livre e espontânea vontade, com o objetivo de mudar de sexo. Essa atitude faz com que Robert acredite que ele(a) abandonara a conduta rebelde e insubmissa que mantinha até então e se conformara com sua nova realidade, o que o leva a liberá-lo(a) do cativeiro no qual o(a) mantinha, certo de que vencera sua resistência e que, finalmente, consumaria o desejado intercurso sexual.

Alegando precisar de lubrificante para consumar o ato sexual, pois Zeca a machucara durante o estupro, Vicente/ Vera deixa Robert no quarto e sai, voltando com o revólver dele, com o qual o mata, assim como a Marília, que aparece ao ouvir os tiros. Finalmente livre, Vera/Vicente vai para a loja da mãe, onde a encontra junto com a atendente lésbica a quem antes assediava inutilmente, e lhes revela sua nova identidade.

Se o enredo, aqui descrito em detalhe, parece completamente inverossímil do ponto de vista realístico, ele expressa algumas configurações inconscientes bem características. Em primeiro lugar, podemos pensar que grande parte dos desacertos e comportamentos aberrantes expostos pelos personagens decorre da forma inadequada com a qual a esterilidade foi encarada pelo Sr. e a Sra. Ledgard. A incapacidade de gerar filhos é um duro golpe no narcisismo de um casal. Quando isso ocorre, é necessário que este aceite o fato e elabore o luto pelo filho que não poderá ter, somente assim estaria capacitado emocionalmente para adotar uma criança. Esse desdobramento desejável não ocorre com o casal do filme. Não tolerando a esterilidade, o casal monta uma farsa: o Sr. Ledgard engravida a empregada Marília, e a criança assim gerada é criada como filho biológico pelo casal Ledgard. Não fica clara a relação dos patrões com a empregada, nem a forma como ela vive o fato de ter sido impedida de assumir o filho.

Várias imposturas ficam estabelecidas. Negando a realidade, o casal se apresenta como fértil. Com isso, a criança fica privada da história de sua origem e a mãe biológica, apesar de presente, se vê impossibilitada de assumir a maternidade. Apresenta para o filho uma falsa identidade, o que futuramente impede que Robert e Zeca se reconheçam como meios-irmãos.

Nessa circunstância, o pai não ocupa o lugar de representante da Lei, pois é o primeiro a desrespeitá-la ao estabelecer, junto com a mulher, o pacto perverso com a empregada, possível explicação para as graves falhas identitárias e comportamento delinquente dos dois filhos de Marília. Zeca, impulsivo e violento, se toma ladrão e traficante; Robert se envolve em práticas ilícitas na Medicina. Ambos se colocam fora da lei e dão mostra de grande onipotência. Zeca, por seu comportamento antissocial e incestuoso; Robert, ao não elaborar o luto pela morte da mulher Gal e se dispor a produzir uma cópia de sua figura. A relação entre Robert e a filha é também sintomática. Por parte dela, vê-se a explícita fantasia incestuosa de ser estuprada pelo pai, quando ela o confunde delirantemente com o sedutor. Ele, por sua vez, também de maneira incestuosa, não tolera que a filha tenha autonomia sexual e precisa castrar o suposto sedutor. O amor incestuoso pai-filha toma aqui uma interessante configuração. Ao contrário do modelo tradicional, no qual o pai castra o deflorador para vingar a honra da filha, nessa versão pós-moderna a vingança realizada pelo pai é mais radical, não só pratica a castração, como transforma o deflorador em mulher a ser deflorada por ele mesmo.

Esse aspecto do enredo é revelador e mostra uma significativa mudança em relação a outros filmes de Almodóvar, nos quais a mudança de sexo é uma transformação buscada com empenho pelo personagem, que, para obtê-la, enfrenta os maiores sacrifícios. *Aqui a mudança de sexo não é um processo desejado pelo personagem e sim uma violência que lhe é imposta contra a sua vontade, uma vingança contra sua masculinidade.* Será que, sob esse prisma, a transexualidade dos personagens de Almodóvar tal como narrada em outros filmes, poderia ser entendida como uma forma paradoxal de resolver a angústia de castração? Para aqueles personagens, a masculinidade seria uma condição impossível, pois a ameaça de castração inerente a essa condição geraria uma angústia insuportável. Em vez de ficar passiva e ansiosamente esperando que ela se concretize, preferem ativamente procurá-la.

No caso de Vicente, pode ser proposto outro desdobramento. Sua transformação em mulher teria ocorrido de forma realmente alheia a sua vontade? Lembremos que Vicente trabalhava como modista na loja (uma atividade considerada, de maneira estereotipada, como não masculina), e aparentemente, sua masculinidade não era encorajada ou valorizada pela mãe e pela funcionária lésbica. Para ele, a mudança de sexo possibilitaria a relação com o desejado objeto sexual antes inacessível, desde que o lesbianismo da moça a fazia rejeitá-lo enquanto homem. O desejo parece transcender o gênero sexual. Vicente desejava a funcionária da loja como homem e continua a desejá-la como "mulher" (Vera).

A intervenção cirúrgica que muda o sexo de Vicente e o transforma numa sósia de Gal ainda merecem outra observação. Se, como vimos, é uma vingança do pai ciumento e incestuoso que castra o deflorador da filha, isso não explica por que Robert vai além e quer transformá-lo em mulher. Da mesma forma, se queria apenas recriar a mulher morta por não tolerar onipotentemente sua perda, não seria mais fácil escolher uma mulher para transformá-la numa sósia da falecida, do que fazer as extensas cirurgias em um homem?

O que vemos então é que mais além da vingança em relação à filha e do luto não elaborado pela mulher, Robert expressa uma outra fantasia: ele quer criar uma mulher a partir de um homem. Tal ideia corresponde à teoria sexual infantil de que a mulher é um homem castrado. Para a criança, existe um único sexo, o fálico. Ela desconhece o sexo feminino.

*A pele que habito* mostraria que as cirurgias de mudança de sexo poderiam ser entendidas como expressão da permanência das teorias sexuais infantis sobre a diferença anatômica entre os sexos. No filme, tais teorias se evidenciariam de duas formas: a) a cirurgia como a procura ativa pela castração, que é tida como inevitável e cuja espera passiva gera uma angústia insuportável; e b) a mudança de sexo como a confirmação de que não existe originalmente um sexo feminino, ele só pode ser concebido como decorrente da castração de um homem.

# 7. *Shame* (2011), de Steve McQueen:[1] nudez masculina

O comportamento compulsivo incide, muitas vezes, sobre atividades censuradas e passíveis de punição legal, como o jogo, o sexo, o uso de drogas. Por esse motivo, os que incorrem em tais práticas proibidas costumam ser vistos como detentores de invejáveis ousadia e liberdade pela maioria cumpridora de deveres e submetida às sanções socialmente estabelecidas. E está aí o paradoxo da compulsão, pois essas pessoas são tudo, menos livres e ousadas. Estão acorrentadas à repetição incessante do mesmo desempenho, aprisionadas num gozo destrutivo.

Não se pode esquecer que a droga, o sexo e o jogo geram uma forte economia paralela. Se isso ocorre é por atenderem a uma realidade humana cuja complexidade não é reconhecida adequadamente, motivo do fracasso das medidas tomadas para coibi-los, como mostra o suposto combate internacional ao narcotráfico.

Não se trata de substituir a hipocrisia moralista por um diagnóstico médico ou psicológico, e sim de não negar o sofrimento

---

1 Publicado no Caderno 2 do jornal *O Estado de São Paulo*, em 31/03/2012.

dos praticantes de tais atividades e as consequências danosas que elas têm sobre suas vidas, como mostra o filme *Shame*, de Steve McQueen, com Michael Fassbender no papel de um compulsivo que vive em Nova York. Como era de se esperar, para ele o sexo nunca é a via para o prazer e sim o aguilhão que o conduz à procura de um gozo mortífero. As razões do desespero que inutilmente procura esconder com sucessivos orgasmos são evocadas pela irmã frágil e suicida, que traz de volta o passado familiar traumático.

O filme teve nos Estados Unidos um inesperado efeito colateral decorrente dos momentos de nu frontal de Fassbender, que provocou muitos gracejos. George Clooney deu o tom da gozação ao mencionar num programa de televisão de grande audiência que Fassbender poderia jogar golfe sem taco, bastando mover o corpo de um lado para outro. Outros colunistas disseram que Fassbender não fora indicado para o Oscar por "inveja do pênis" por parte dos membros masculinos da academia. Aproveitando essa deixa, James Wolcott, colunista da revista *Vanity Fair* escreveu um divertido artigo "The Hung and the Restless", uma espécie de história do pênis no cinema americano. Nele, lista os filmes nos quais o tabu do nu frontal masculino foi derrubado, entendendo a diferença no trato da nudez de cada um dos sexos como decorrente do fato de vivermos numa sociedade machista, na qual o corpo da mulher é objeto de desejo fetichizado e a nudez masculina suscita pânico homossexual, *leitmotiv* de infindáveis piadas entre os homens.

A crescente tolerância com a nudez nos filmes de Hollywood não pode ser dissociada da liberação da pornografia proporcionada pela internet. O número impressionante de acessos aos sites pornográficos evidencia o apelo que esse material tem ao público, especialmente o masculino, fazendo com que os cineastas se sintam mais seguros de acrescentar em seus filmes ingredientes dali provenientes. É o que ocorre com *Shame*. A roupagem *mainstream* – grande produção, bons atores, roteiro sofisticado e "sério" - mal esconde a realidade de um *soft porn* caça-níqueis.

Mas essa não é uma questão simples. A linha divisória entre pornografia e criação artística é difícil de traçar, sujeita que é a sutis determinações socioculturais. Como mostra, por exemplo, o uso da nudez na arte. Exaltada por gregos e romanos, a nudez entrou em relativo ostracismo com a implantação e disseminação do cristianismo, só voltando à cena com estardalhaço na Renascença. Michelangelo foi acusado de obscenidade e imoralidade ao expor o afresco "O Julgamento Final" na Capela Sistina, desencadeando um movimento de censura que exigia a remoção ou dissimulação das partes pudendas das figuras nuas ali pintadas.

O que se iniciou com reação às obras de Michelangelo cristalizou-se no Concílio de Trento, quando, entre tantas outras deliberações, ficou estabelecido que nada que pudesse estimular a concupiscência e a luxúria poderia ser exposto na arte patrocinada pela Igreja. Na prática isso significava que a nudez estava banida e condenada, uma vez que a Igreja e a nobreza eram os maiores compradores de arte, influenciando assim em sua produção. Na bula papal de 1557, Paulo IV tornou obrigatório o uso de folhas de figueira para esconder os genitais das imagens pintadas ou esculpidas antes da proibição. A medida foi aplicada com empenho pelos papas Inocêncio X (1574-1655) e Clemente XIII (1693-1769).

Essa zelosa atitude foi retomada por Pio IX (1792-1878). Sob seu comando, todos os mármores da antiguidade clássica existentes no Vaticano tiveram seus falos destruídos e por cima das mutilações foram colocadas as folhas de figueira. Episódio semelhante ocorreu em 1897, quando a Rainha Vitória foi presenteada pelo Grão-Duque da Toscana com uma réplica idêntica do David, de Michelangelo. A estátua deixou a rainha escandalizada, motivo de sua imediata remoção para o museu de Kensington Gardens, onde foi providenciada uma folha de figueira que deveria ser colocada para proteger o pudor das damas que eventualmente aparecessem por ali em visita.

Se tudo isso nos parece lamentável e risível é por não atentarmos para o fato de que, de certa forma, resquícios dessa atitude persistem na atualidade, como estamos vendo nas repercussões em tomo do nu frontal de Fassbender.

Em nossa cultura, a nudez feminina é corrente, chega a ser banalizada, o que não ocorre com a masculina, que continua sendo objeto de uma repressão maior. Isso se deve aos aspectos machistas apontados por Wollcott. O próprio machismo é um dos incontáveis efeitos imaginários da diferença anatômica existente entre os sexos, tal como Freud mostrou. As consequências psíquicas inconscientes dessa diferença não podem ser menosprezadas. Ter ou não ter o falo assume um papel de extraordinária importância no mundo mental de homens e mulheres. Símbolo de força e potência vital criadora, invejado e atacado, ameaçado permanentemente com a possibilidade de castração, o falo ora se confunde com o pênis e se exibe orgulhosamente, ora se oculta misterioso atrás de folhas de figueira, panos e véus, afirmando uma mística e transcendente inacessibilidade, recusando-se a ser equiparado a um mero e vulgar órgão sexual masculino. Será por causa da forte carga significante do falo que a nudez masculina é mais censurada que a feminina?

O Ministério da Justiça acaba de lançar um Guia Prático da Classificação Indicativa estabelecendo o que crianças e adolescentes podem ver na televisão e no cinema. Fica ali liberada a nudez, desde que ela seja “sem conotação sexual”. Entende-se a intenção do Ministério em proteger crianças e menores, mas será possível dissociar o nu do sexual, do erótico? Não é a nudez que expõe a animalidade do corpo, as vergonhas da carne, a diferença dos sexos? Poderá ela algum dia ser vista com naturalidade? Estaria o Concílio de Trento totalmente equivocado ao atribuir à nudez o estímulo à luxúria e à concupiscência?

# 8. *Precisamos falar sobre o Kevin* (*We need to talk about Kevin*, 2011), de Lynne Ramsay

Esse grande filme de Lynne Ramsay (2011), baseado em uma novela de Lionel Shriver, tem sua narrativa fragmentada de forma que o transforma em um estimulante quebra-cabeça para o espectador. Ele começa com as imagens orgiásticas de *La Tomatina*, o festival espanhol de tomate que ocorre em Valência, no qual uma multidão seminua se espoja e refocila na massa de tomate, um frenesi vermelho que lembra sangue e paixão, morte e sexo. No meio dela, um jovem casal. Apesar das dúvidas quanto à estabilidade da relação ("prometa que nunca mais vai embora") e às dúvidas quanto a procriar ("tem certeza que quer, que é seguro?") os dois vão em frente e concebem um filho.

Ele um profissional convencional. Ela, como vemos na cena que mostra um poster numa livraria, é a "lendária" Eva Katchadurian, mulher independente, aventureira, autora de livros de viagens e turismo, desbravadora de mundos exóticos, dona de um perfil distante da rotina doméstica caseira.

Seu sobrenome indica a ascendência estrangeira, o que talvez ligue seu amor às viagens a questões transgeracionais, a uma história familiar marcada pelo desenraizamento traumático da imigração, o abandono da terra natal e a sempre difícil adaptação à nova pátria adotiva.

Durante a gravidez, Eva se fecha e se isola, dá indícios de depressão e constrangimento, não parece entusiasmada com as perspectivas de ser mãe. Distancia-se das demais gestantes, que se entrosam e discutem as mudanças provocadas pela gestação. No parto, a médica pede que ela "pare de resistir", como se lutasse para impedir o nascimento da criança.

Desde o início, Eva mostra grande dificuldade em se relacionar com o filho. Dura, sem espontaneidade, esforça-se penosamente para ser carinhosa, mas se desespera por não conseguir acalmar a criança. Prefere ouvir o som da britadeira a seu choro ininterrupto, que sente como uma denúncia de sua incapacidade de niná-lo.

Instala-se um descompasso terrível entre mãe e filho, não há uma efetiva interação entre os dois. A criança desenvolve um relacionamento peculiar e desafiador com Eva. Recusa-se a falar com ela de forma adequada, bem como rejeita o treinamento das funções excretoras. Ao não conter as fezes, Kevin força a mãe a limpá-lo. É um exemplo típico da ambivalência anal: ao mesmo tempo em que exige atenção e amor da mãe, Kevin a agride e tenta controlá-la.

Numa ocasião, enraivecida, Eva o joga com violência contra a parede, provocando-lhe uma fratura de braço. Kevin não denuncia a mãe para o pai, mas passa a chantageá-la. O episódio ilustra a relação perversa entre os dois, a constituição de um segredo que exclui o pai.

A insatisfação de Eva é permanente, mas aumenta quando o marido compra uma casa nos arredores de Manhattan. A ida para os subúrbios é para Eva o equivalente a uma descida aos infernos, como mostra seu rosto na cena em que deixa o apartamento.

Ao se mudarem para a casa, ela decora seu escritório com mapas, evocação de seu passado de viajante e exploradora. É um dos poucos momentos em que se mostra feliz no novo lar. O filho inicialmente a ridiculariza e depois risca todo o papel. Eva não corrige os estragos provocados por Kevin e desiste da decoração geral da casa, deixando-a fria, despojada e pouco acolhedora.

A atitude agressiva e disruptiva de Kevin se manifesta apenas com a mãe. Por esse motivo, o pai não consegue acompanhar as preocupações de Eva. Ela engravida novamente e o marido só se apercebe disso quando Kevin observa que a mãe está "gorda". Nasce uma menininha, com quem Eva também tem uma relação difícil e distante.

Kevin maltrata a irmã e provoca dois graves acidentes – a morte de pequenino animal da irmã no triturador da pia e, pior, a cegueira em um dos olhos dela. A crescente hostilidade do menino transparece em vários episódios: na reiterada rejeição às aproximações da mãe, ao se masturbar ostensiva e ofensivamente em sua presença, ao lhe manipular o computador por ter ela tentado invadir sua privacidade. As dificuldades se intensificam e ameaçam a estabilidade da família. Kevin ouve os pais falando sobre divórcio e se diz responsável pelos conflitos de casa.

Em vez de ficar mais afável com os pais, Kevin planeja e executa um grande massacre. Depois de assassinar pai e irmã em casa, vai para a escola e mata vários colegas e funcionários. A arma usada por Kevin no massacre é o arco e flecha, esporte no qual era exímio praticante e que passara a interessá-lo anos antes, num dos poucos momentos em que aceitara a aproximação da mãe, que lhe lia a história de Robin Hood. Aquilo que poderia ser uma lembrança amorosa do relacionamento com a mãe é a matriz de sua maior destrutividade.

Consumado o atentado, Kevin é preso. Eva deixa a grande casa e vai morar num lugar humilde, perto da prisão para onde ele fora enviado. Cientes de sua identidade, os moradores do lugar sempre que podem atacam Eva física e moralmente. Sua casa e seu carro são sistematicamente pichados de vermelho, forma de rememorar o banho de sangue promovido por Kevin na cidade ao matar familiares, colegas e professores.

Sentindo-se culpada frente ao filho e à comunidade, Eva se deixa punir, submetendo-se a toda sorte de humilhação. Como Lady Macbeth, tenta apagar a mancha de sangue, lavar a tinta vermelha que seus vizinhos insistem em jogar na fachada de sua pequena casa.

A cena do Halloween é muito reveladora. A festa de Halloween é uma antiga tradição no mundo anglo-saxão que condensa aspectos pagãos e cristãos, como o Dia das Bruxas, o Dia de Todos os Santos e o Dia de Finados. Nela se celebra a memória dos falecidos, ao mesmo tempo em que se brinca com a morte, retirando-lhe o caráter trágico e amedrontador. As crianças, fantasiadas de fantasmas e assombrações do outro mundo, exigem dos adultos doces e balas, ameaçando assombrá-los se não forem atendidas. É esse o significado de "*treat or trick*" ("doces ou travessuras"), o bordão que usam nessa ocasião.

Eva reage em pânico ao assédio das crianças. Elas trazem a lembrança de seus mortos queridos, reativando o luto e a culpa. Ademais, o encontro com as crianças no Halloween evoca um aspecto fundamental de seu próprio psiquismo e suas consequências no relacionamento com Kevin. Ao se mostrar impossibilitada de atender aos pedidos de alimentos que as crianças lhe fazem, revive as dificuldades em suprir as necessidades amorosas de Kevin, a incapacidade de acalmá-lo e levá-lo ao sono. Eva teme o contato com as crianças, que lhe parecem ameaçadoras, agressivas e vorazes. Isso nos leva a pensar que a dificuldade que Eva teve para se aproximar de Kevin residia na fantasia de que ele poderia atacar e devorar vorazmente seu seio, possivelmente uma projeção de seus próprios desejos destrutivos e canibalísticos em relação ao seio de sua mãe.

Leve-se em conta que Eva, de fato, não tinha nada para oferecer às crianças, o que pode ser entendido como evidência de sua dificuldade em ocupar o lugar de mãe provedora.

É interessante salientar que apesar do permanente conflito de Kevin com a mãe, ele não a mata, como fez com o pai e a irmã, com quem tinha aparentemente um relacionamento menos tempestuoso. Isso indica uma grande ambivalência, pois a poupa, mas, deixando-a viva, pereniza seu sofrimento.

Na cena final, Eva vai visitar Kevin dois anos após os assassinatos, ocasião em que, atingida a maioridade, vai ser transferido para um grande presídio, Sing Sing. Finalmente ela consegue perguntar o porquê de ele ter feito tudo aquilo. A resposta ambígua de Kevin – "pensei que sabia, agora não estou tão certo" – é uma aguda confissão do estado mental em que estava, de ter sido levado pelos desejos inconscientes e não haver uma explicação racional para tais feitos. A confissão de sua fragilidade, que rompe sua carapaça onipotente, possibilita pela primeira vez uma aproximação afetiva com a mãe.

O filme aborda vários problemas muito importantes: como entender a maldade humana? Alguns nasceriam com uma dotação maior da pulsão de morte? Como o desejo dos pais vai modular e formatar as forças pulsionais? Estarão os adultos – homens e mulheres – capacitados para exercer as funções paterna e materna de forma natural e espontânea? Todos podem e devem almejar isso? São obrigados a isso? Podem escolher não ter filhos? Qual a pressão interna ou externa para exercer tais funções? Que identificações possibilitam ou não essa configuração?

No filme, essas questões não ficam em aberto. A presença do pai é mais apagada e a própria Eva assume grande parcela de culpa pela tragédia, atribuindo-a, de alguma forma, a sua dificuldade em assumir a função materna, tão presa que estava a modelos mais próximos ao estereotipo masculino: o explorador, o viajante, o desbravador, figuras também ligadas à sua história transgeracional – alimentando com o filho um relacionamento competitivo e rivalizador, numa disputa para ver quem sairia vencedor da contenda. Note-se que há uma única menção à relação de Eva com sua mãe. Ela telefona no dia de Natal, depois da matança, convidando-a para passarem juntas a data e Eva não aceita. Dá uma desculpa e fica sozinha.

# 9. *J. Edgar* (2011), de Clint Eastwood e *A Separação* (*Jodaeiye Nader az Simin*, 2011) de Asghar Farhadi[1]

O filme *J. Edgar*, de Clint Eastwood, é sobre John Edgar Hoover, o poderoso chefe do FBI, que – com seus arquivos secretos – chantageou os grandes dos Estados Unidos durante 48 anos. Eu imaginava que um homem tão desprovido de qualidades seria merecidamente exposto e enxovalhado no filme.

Já *A Separação*, do iraniano Asghar Farhadi, me fez pensar que seria mais um daqueles tediosos filmes "de arte" de país de terceiro mundo, nos quais a limitação de recursos é apresentada como inovação formal, frente ao que o politicamente correto nos obriga a adotar uma postura condescendente e protetora.

Ao assisti-los, constatei estar completamente equivocado. Estava carregado de ideias preconcebidas, esperando que elas ali se confirmassem, o que, para minha satisfação, não aconteceu. O episódio me fez pensar sobre as crenças e ideias pré-formadas com as quais enfrentamos o mundo. Por mais precárias que sejam, elas fornecem um mapa ao qual esperançosamente nos aferramos em

1 Publicado no Caderno 2 do jornal *O Estado de São Paulo*, em 03/03/2012.

meio ao caos. O perigo é que elas se cristalizem como preconceitos, impossibilitando a racionalidade do nosso pensamento. O melhor antídoto para isso é a arte, que nos oferece um enfoque diferente do esperado, ampliando e enriquecendo nossa visão.

Distante do estereótipo, o retrato que Eastwood pinta de Hoover é complexo, nele convivendo o bem e o mal. Vemos a chantagem constante feita contra presidentes e desafetos, a manipulação da mídia em seu próprio proveito, a criação da imagem de super-homem ao resolver o caso do sequestro do filho de Lindbergh, além do exercício abusivo do poder. No entanto, vemos também seus esforços para desenvolver a racionalização dos métodos de arquivamento, iniciados com sucesso na Biblioteca do Congresso e implementados no FBI; sua atitude pioneira na implantação dos métodos de investigação científica até então inexistentes; a compreensão da importância do registro das impressões digitais para a identificação em massa etc.

Eastwood devolve a Hoover a ambiguidade, focando seus delírios messiânicos de ser o anjo vingador que salvaria a América dos perigos externos (comunismo) e internos (gangsterismo, políticos corruptos), sem perceber que ele mesmo era peça importante do sistema o qual pensava combater. Dominado por conflitos e contradições, mantinha uma hipócrita fachada com a qual escondia seu homossexualismo e o hábito de *crossdressing*. A propósito, Eastwood com poucas imagens ilustra de forma correta a psicodinâmica dessa condição – após a morte da mãe, o uso de seus vestidos e joias, caracterizam a forte fixação de Hoover em sua figura, que o impediu de ter uma vida amorosa ou sexual mais satisfatória.

Também o filme *A Separação* foge das ideias preconcebidas em torno do Islã. As interpretações apressadas sempre o mostram como o antípoda do Ocidente, um mundo estranho ao nosso, com o qual nada temos em comum. Não se pode negar que a não separação entre estado e religião faz com que o Islã viva uma situação perniciosa, geradora de grave atraso social e distanciamento das práticas políticas e culturais do mundo ocidental. É, sem dúvida, uma incontornável diferença, cujo manejo cria grandes dificuldades, pois ela expressa a alteridade do Outro e como tal deve ser aceita e respeitada, sem que se pretenda impor a este Outro valores que não lhe são próprios.

Estamos tão atentos a essas diferenças que deixamos de lado tudo aquilo que temos em comum com o Islã, e é exatamente disso que trata esse filme notável. Uma esposa decide pedir o divórcio ao marido, pois este não concorda com seu plano de imigrar para o ocidente em busca de um futuro melhor, levando a filha do casal. É uma velada menção à teocracia imperante no país e suas consequências sociais, a expressão do desejo de usufruir de um mundo menos fechado e intolerante. O marido não quer partir, além de não poder fazê-lo, pois tem de cuidar do pai, que sofre do mal de Alzheimer.

A empregada contratada para cuidar da casa e do pai doente faz uma acusação injusta ao patrão, desencadeando uma complexa rede de motivações que se afasta por inteiro do que é alegado explicitamente. A partir daí, uma sucessão de acontecimentos mostra como a condição humana efetivamente transcende os hábitos culturais e religiosos mais arraigados. A bem tramada narrativa vai ligando motivos secretos não confessados e conflitos de interesse, nos quais se evidencia a impossibilidade generalizada de falar a verdade que reina nas relações pessoais de todas as faixas sociais. Como suplantar o fosso estrutural entre a lei e a justiça, na medida em a primeira é necessariamente a regra a ser aplicada de forma indiscriminada a todos, enquanto a justiça não pode ser realizada a não ser levando em conta aspectos sempre muito particulares, que se prendem a detalhes únicos e singulares? Se fôssemos compreender a fundo as motivações conscientes e inconscientes de todo e qualquer ato humano, como ficariam as sanções sociais, a punição? E esse impasse não é um problema típico do Islã, é algo próprio da natureza humana.

*J. Edgar* e *A Separação* são filmes que ressaltam a diferença entre o preconceito, que caricatura e simplifica, e a arte, que amplia e aprofunda a realidade.

A entrega do Oscar, em geral vista por cerca de 40 milhões de pessoas, é um acontecimento midiático cuja grandeza o coloca acima da crítica, pois ele estabelece os parâmetros a serem seguidos no mundo do entretenimento durante o ano. Seria uma prova do império cultural norte americano ou uma marca do mundo globalizado, no qual se evidencia o triunfo do cinema – imbatível combinação de tecnologia industrial e criação artística – como inconteste arte/entretenimento das massas de nosso tempo?

# 10. *Os Descendentes* (*The Descendants*, 2011), de Alexander Payne:[1] Deliberações importantes

Este filme de Alexander Payne, estrelado por George Clooney e indicado ao Oscar em várias categorias, aborda de forma indireta um importante tema da atualidade: o direito de morrer quando as perspectivas de vida ficam muito limitadas por uma grave doença.

A mulher do personagem central, Matt King, entra em coma após um acidente e, passado algum tempo, os médicos constatam a irreversibilidade do quadro. Em estado vegetativo e sem possibilidade de voltar ao normal, ela continuaria viva por tempo indeterminado, aguardando passivamente o fim.

Em situações desse tipo, habitualmente a família do doente enfrenta dois grandes problemas. O primeiro é o infindável desgaste emocional, pois é claro que nessas circunstâncias ela (a família) preferiria vê-lo morto, desejo difícil de ser reconhecido por gerar culpa. O outro é o financeiro, pois é caro manter uma pessoa nesse estado. Despesas com médicos, remédios, cuidadores e suportes variados facilmente esgotam reservas penosamente acumuladas.

---

1 Publicado no Caderno 2 do jornal *O Estado de São Paulo*, em 18/02/2012.

Contudo, não é isso o que ocorre em *Os Descendentes*, pois a mulher havia deixado um *living will*, documento no qual estabelecia que não desejava receber cuidados médicos que prolongassem inutilmente sua vida. Os médicos e a família tomam as providências necessárias para acatar suas determinações.

Esse decisivo elemento do enredo é mostrado de modo tão discreto que parece algo natural e óbvio para os espectadores. No entanto, ele mostra uma mudança sociocultural frente à morte, que deixa de ser tratada como um tabu e passa a ser abordada de forma realista e humanitária.

Ciente da frágil condição humana, o signatário do *living will* reconhece que sua morte poderá ser antecedida por estados de inconsciência, nos quais estará impossibilitado de tomar qualquer decisão sobre os acontecimentos. Levando isso em conta, produz um documento no qual determina os procedimentos a serem seguidos e nomeia procuradores que zelem para que seus desejos sejam respeitados.

Essas deliberações que determinam como a própria morte deve transcorrer teriam alguma relação com o suicídio? Se entendermos o suicídio como a decorrência da decisão de pôr um término à própria vida, a resposta é sim. Mas há discriminações a serem reconhecidas. Para a psiquiatria o suicídio não é um problema filosófico, como querem alguns, nem um pecado, como afirma a religião. Ele é quase sempre sintoma de graves perturbações psíquicas. A psicanálise entende que, na maioria das vezes, o suicida é uma espécie de homicida disfarçado, pois ele, ao se matar, acredita estar matando a pessoa odiada com a qual está identificado. Sua psique está dominada pela destrutividade própria da pulsão de morte, daí sua postura agressiva contra si mesmo e os outros.

Em sendo assim, não se pode chamar de "suicida" uma pessoa como a personagem do filme. O que está ali em jogo é o direito de morrer quando a vida não é mais do que a mera sobrevivência biológica artificialmente mantida, cercada de sofrimentos e despida de toda dignidade humana.

Apesar da resistência – alimentada por concepções religiosas e pela necessidade de estabelecer uma pertinente jurisprudência – há uma crescente aprovação social para com este encaminhamento do problema.

Calcula-se que nos Estados Unidos, em 2007, cerca de 40% das pessoas possuíam um *living will* e, em 2009, o próprio presidente Obama declarou ter o seu, encorajando as pessoas a fazerem o mesmo. Naquele país, o grupo *Aging with dignity* (Envelhecendo com dignidade), que conta com o poderoso apoio da *American Bar Association* (similar à nossa OAB) e de outras importantes instituições, tem divulgado um documento chamado *Five wishes* (Cinco desejos), um *living will* com peso legal em vários estados norte-americanos, traduzido em 30 línguas (e em braille) e com 40 milhões de exemplares distribuídos ao redor do mundo.

Aqui no Brasil, desde dezembro de 2010, a Justiça Federal liberou a ortotanásia, procedimento médico que consiste na suspensão de tratamentos invasivos que prolonguem a vida de pacientes em estado terminal, sem chances de cura. É um importante avanço, mas que deixa de lado casos como o mostrado no filme, em que a paciente não estava em um quadro terminal, podendo se arrastar por muito tempo ainda sua desalentada vida vegetativa.

Freud havia pedido a seu médico, Max Schur, que o ajudasse a morrer quando não mais suportasse os sofrimentos trazidos pelo câncer no palato que o obrigara a fazer mais de trinta intervenções cirúrgicas. Aos 83 anos, em um determinado momento, Freud disse para Schur: "Agora é só uma tortura sem sentido".[2] Com a anuência

2 Schur, Max – Freud: vida e agonia, Imago Editora, Rio, 1981

de sua filha Anna, o médico aplicou-lhe a morfina necessária para libertá-lo.

Devemos trabalhar para que, em uma versão futura da Declaração dos Direitos do Homem, esteja-nos assegurado o direito de morrer quando a vida se transforma na "tortura sem sentido" referida por Freud.

A questão do *living will* é apenas um detalhe no enredo do filme. Matt King é um advogado mestiço, descendente de ocidentais e da família real havaiana. Administra o fundo que controla as grandes propriedades herdadas pela família e precisa decidir o que fazer com elas em função de mudanças legais. A maioria dos parentes quer vender as terras para especulação imobiliária, enquanto outros poucos gostariam de doá-las para uso comum, respeitando as tradições e costumes da ilha. É nessas circunstâncias que a mulher de King sofre um acidente de barco e entra em coma, o que termina por expor um caso amoroso secreto que ela mantinha. Sob o impacto da notícia, King procura saber mais detalhes do envolvimento da mulher e descobre que ela fora manipulada pelo amante, interessado na negociação das terras da família.

King perde a mulher arrebatada pela morte e perde também sua imagem ao descobrir a traição cometida. Deve suportar, pois, com um duplo luto. Ao lado do drama conjugal, King está sob pressão para resolver a questão da herança familiar, as propriedades cobiçadas pelo mercado imobiliário e que poderiam ser devolvidas para a comunidade. Como integrar a visão capitalista com a cultura nativa? Deve ser King fiel aos valores ocidentais ou aos costumes havaianos? A dúvida reflete seu conflito de identidade e, quem sabe, do próprio Havaí.

# 11. *As Canções* (2011), de Eduardo Coutinho: encharcado de emoções[1]

No fundo penumbroso, uma cortina negra. De lá surge uma pessoa que se encaminha para a cadeira iluminada no primeiro plano, onde se senta. Uma voz em off faz perguntas e a pessoa fala de sua vida e canta as canções que a marcaram. As histórias se sucedem. Homens e mulheres se emocionam ao lembrar o passado, os entes queridos, as loucuras, as alegrias, as tristezas, os projetos desfeitos, as conquistas, os fracassos.

Aí entendemos por que Eduardo Coutinho escolheu para seu documentário *As Canções* um cenário despojado e tão fixo quanto a câmera. Dessa maneira, fica ressaltado o que lhe importa: a fala dos convidados, o relato das trajetórias acidentadas de suas vidas. Os depoimentos adquirem uma força suplementar quando as pessoas cantam as músicas que sublinharam momentos importantes de suas existências.

O documentário é um gênero com linguagem própria, mais restrita do que a dos filmes de ficção. Mesmo assim, é chamativa a

1 Publicado no Caderno 2 do jornal *O Estado de São Paulo*, em 24/12/2011.

forma como em *As Canções* Coutinho privilegia com exclusividade a narrativa oral, forma ancestral de comunicação humana na qual aquele que fala mantém a plateia subjugada ao fio de sua voz. Para tanto, Coutinho abdica de forma mais radical das amplas possibilidades da dimensão visual própria do cinema, restringindo ao mínimo seus recursos.

Embora esta não seja a ideia central do filme, ao convidar seus entrevistados para cantar *a capella*, Coutinho termina por ressaltar a diferença entre a fala e o canto. A primeira, apesar de também despertar afetos, deve seguir predominantemente a racionalidade lógica para transmitir de forma compreensível sua mensagem. O canto, por sua vez, parte de outros pressupostos que evidenciam o lugar especial da música entre as artes. Saltando os percalços da lógica própria da fala, apela diretamente para os sentimentos do ouvinte.

Nem todos falam com fluência ou cantam de forma afinada. Mas, por menos dotado que seja, aquele que fala termina por se fazer entender. Já o canto é mais exigente e faz com que o menos aquinhoado seja imediatamente rejeitado por quem o ouve, que se sente agredido pela ausência de musicalidade. Por esse motivo, em *As Canções*, as pessoas parecem ainda mais completamente expostas e vulneráveis em sua claudicante humanidade ao cantarem, mostrando diretamente não só seus afetos como suas falhas e limitações.

O fato de os entrevistados atribuírem tão grande valor afetivo às canções mostra algo comum a todos nós. Vivemos situações cuja importância ou magnitude transcende nossa capacidade de lhes dar a expressão que, julgamos, elas merecem. Não só nossas palavras nos parecem insuficientes para expressar o que sentimos como nos consideramos tão impactados com determinadas experiências que necessitamos da mediação de um terceiro, que com sua fala nos proporciona um necessário distanciamento do acontecido para fazermos dele uma avaliação adequada. É nestas circunstâncias que pedimos socorro aos escritores, aos compositores; é quando nos voltamos para a literatura, a poesia, as canções.

Tudo isso faz de *As Canções* um filme encharcado de emoção, extravasando sentimentos diretamente da tela para o espectador.

# 12. *Melancolia* (*Melancholia*, 2011), de Lars von Trier:[1] as duas melancolias de Trier

Lars von Trier, Peter Greenaway e David Lynch constituem minha atual santíssima trindade cinematográfica. Seus filmes me proporcionam a inestimável sensação de novidade e descoberta, provocando uma expectativa semelhante a que eu tinha ao ver anunciado o lançamento de um novo filme de Fellini, Antonioni, Pasolini, Visconti, Truffaut, Goddard ou Bergman.

Com tal estado de espírito fui ver *Melancolia*, o filme de Lars von Trier lançado no Festival de Cannes.

Em *Melancolia*, Trier nos apresenta sua versão do fim do mundo. Antecedidas pelas soturnas, oníricas e memoráveis imagens de abertura gravadas em extrema câmera lenta (como também no início de *Anticristo*) e que se sucedem ao som do prelúdio de Tristão e Isolda, de Wagner, a história se divide em dois episódios, intitulados com o nome de duas irmãs, Justine (Kirsten Dunst - Palma de Ouro de Melhor Atriz em Cannes) e Claire (Charlotte Gainsbourg). O que une os dois episódios é a relação das duas irmãs e a crescente

1 Publicado no Caderno 2 do jornal *O Estado de São Paulo*, em 06/08/2011.

ameaça trazida pelo imenso planeta Melancolia, que parece estar em rota de colisão com a Terra, o que, se confirmado, provocaria a hecatombe final.

No primeiro episódio seguimos o casamento de Justine, uma publicitária em luta desesperada contra a depressão, cuja festa foi promovida pela irmã Claire e John, seu marido milionário. A visão da imensa limusine entalada nas curvas da estreita e sinuosa estrada, impedida de levar os noivos ao castelo onde os convidados os aguardam, anuncia que tudo vai mal. O casamento, ritual amoroso de perpetuação da espécie e celebração da vida, é arruinado na própria festa pelo comportamento errático e autodestrutivo de Justine, espelhando a atitude inadequada de seus pais divorciados que se agridem publicamente e tudo fazem para ridicularizar a cerimônia. Tanto a mãe como o pai se esquivam quando Justine lhes pede ajuda.

A ação do segundo episódio se dá tempos depois do casamento. Justine, em forte depressão, é acolhida pela irmã em seu castelo. Ali acompanha, de forma distanciada e indiferente, a angústia de Claire frente à ameaça cósmica trazida pela aproximação do planeta Melancolia e as tentativas de John para tranquilizá-la.

Justine, que fora a primeira a notar a presença do planeta ainda muito distante e que se revela possuidora de conhecimentos antes insuspeitados, deseja que o desastre aconteça. Diz para a irmã que a Terra e a vida que a habita são más, não há por que lamentar seu desaparecimento. Enquanto Claire ama a vida e teme perdê-la, Justine anseia pela morte. Quando se comprova que a colisão é inevitável, ao contrário das previsões científicas apregoadas por John, ele se mata ingerindo todos os comprimidos que Claire havia comprado para uso da família.

*Melancolia* é um grande filme, mas aquém de outras criações de Trier como *Anticristo*, *Manderlay*, *Dogville*, *Dançando no Escuro* e *Os Idiotas* – obras que aliam à inventividade formal uma trama complexa, cheia de estimulantes enigmas a serem decifrados.

*Melancolia* é uma parábola transparente, na qual tudo está exposto diretamente. Nela o pessimismo desiludido de Trier se expressa de forma mais radical. Ao contrário de seus outros filmes, nos quais a destrutividade e a loucura atingem apenas alguns personagens, uma ínfima fração da humanidade, nesta obra é a própria raça humana que está em vias de extinção.

A melancolia é a forma mais profunda de depressão. É o quadro clínico no qual a pulsão de morte se manifesta de forma mais intensa. Nela, dizia Freud, o superego é uma "pura cultura da pulsão de morte",[2] pois se apresenta com um rigor enlouquecido e sadicamente ataca o ego, que, debilitado, não consegue reagir e se submete de forma masoquista ao ataque. O resultado é o abandono da alegria de viver, o desejo de autodestruição, o ódio e a violência dirigidos contra tudo e contra todos. Tânatos induz à morte individual (suicídio ou homicídio) ou em massa (guerras, genocídios, "limpezas étnicas", fanatismos político-religiosos). Em casos menos extremados, provoca desastrosas escolhas, com consequências danosas para aquele que as fez e para todos os que com ele estão envolvidos.

Ao colocar o planeta Melancolia como ameaça à preservação da vida na Terra, mais uma vez Trier está psicanaliticamente correto. O que coloca a vida em perigo é Tânatos, a pulsão de morte, a destrutividade que habita cada um de nós. Para impedir que ela produza seus efeitos anuladores da vida, é necessário mesclá-la com Eros, com a libido, com o amor, o que a neutraliza.

É interessante que Trier represente o poder letal da melancolia, ou seja, da pulsão de morte, como algo que provém dos confins do espaço sideral, uma ameaça cósmica externa, quando, pelo contrário, ele está muito próximo, pois reside no íntimo de cada um.

Ao nomear sua heroína de Justine, Trier evoca a personagem homônima de Sade, que sofre ininterrupta violência sexual por

---

2 Freud, S. – O ego e o id – 1923 – Standard Edition, volume XI.X, Imago, Rio

parte de seus algozes, enquanto sua Justine padece de uma agressão internalizada, intrapsíquica, exercida por um implacável superego sobre um ego que se deixa torturar de forma masoquista.

É sabido que Trier padece de episódios melancólicos, possivelmente em decorrência de sua atribulada infância. Seus pais eram "nudistas e comunistas", como disse em entrevistas, e achavam errado colocar qualquer limite, restrição ou proibição para seus filhos. Em seu leito de morte, sua mãe lhe revelou que não era filho do homem falecido anos antes e que até então considerara como pai, o judeu Trier. Seu verdadeiro pai era Fritz Michael Hartmann, de família dinamarquesa católica proveniente da Alemanha, conhecida pelos vários membros que se tornaram músicos renomados. Trier teve apenas quatro encontros com o pai biológico, após os quais este se recusou a manter contato com o filho. Esta transmutação de um pai judeu em um outro cristão dinamarquês-alemão, poderá ter sido o pano de fundo de sua infeliz entrevista em Cannes, quando ironicamente se disse "nazista", desencadeando uma equivocada onda de protestos que o colocou na posição de persona non grata do festival. De qualquer forma, podemos pensar que sua atitude, que prejudicou seu filme e a si mesmo, é um exemplo da autodestrutividade própria da melancolia.

O mais importante é que Trier conseguiu transformar sua melancolia no filme *Melancolia*, mostrando sua grande capacidade sublimatória, marca de um grande artista.

# 13. *A Árvore da Vida* (*The Tree of Life*, 2011), de Terence Malick: Jó e Malick, uma boa parceria[1]

Sabendo que pouco podem esperar da justiça terrena, a humanidade busca amparo na justiça divina, acreditando que, no outro mundo, ela punirá os maus e premiará os bons. Mas a credibilidade nesse consolo desde sempre esteve comprometida por uma constrangedora constatação. Inexplicavelmente a justiça divina não se manifesta no mundo dos vivos. De forma indiscriminada, bons e maus estão sujeitos aos mesmos e terríveis sofrimentos, quando não ocorre algo pior - os bons passam por grandes infortúnios enquanto os maus escapam deles ilesos. Seria Deus injusto, indiferente ao padecimento de seu rebanho?

Essa questão, que de longa data angustia a humanidade, é o tema central do *Livro de Jó*. Vendo que Jó era um homem bom e cumpridor de seus deveres, Satã desafia Deus dizendo que Jó assim se comporta por ser feliz. Se desgraças o acometessem, seguramente deixaria de seguir o caminho reto e se rebelaria contra seu Criador. Deus aceita o desafio de Satã e o autoriza a acabar com a felicidade

---

1 Publicado no Caderno 2 do jornal *O Estado de São Paulo*, em 20/08/2011.

de Jó, permitindo que destrua seus bens e mate seus filhos, além de cobrir-lhe o corpo com pústulas. Jó assiste perplexo o infortúnio que sobre ele se abate, sem se queixar. Três amigos o visitam e argumentam que ele deve ter necessariamente ofendido a Deus para receber tantos castigos, caso contrário poder-se-ia duvidar da própria justiça divina. Mas Jó insiste que nada fez para merecer tantas desgraças.

Neste momento, Deus se faz presente e repreende a ousadia dos que questionam sua justiça. Sem dar uma justificativa para Jó, faz uma longa descrição de suas tarefas como criador do universo, na qual exibe sua onipotência e onisciência, atributos inacessíveis aos homens, pobres e insignificantes criaturas. Em seguida restaura os bens de Jó, devolvendo-lhe a saúde e lhe dando novos filhos.

O Livro de Jó é um dos textos mais intrigantes da Bíblia, pois mostra a dúvida quanto à bondade de um Deus distante e indiferente ao destino humano, que estaria mais preocupado em reafirmar sua vaidade e poder, fazendo da vida de um homem justo mero joguete em sua aposta com Satã.

*A Árvore da Vida*, o filme de Terrence Malick, é uma versão do livro de Jó para os dias de hoje. Frente à morte de um rapaz, sua mãe, seu pai e seu irmão se voltam para Deus e exigem uma explicação. Como podem receber tamanha punição se agiam dentro dos preceitos? Tal como no livro de Jó, o Deus de Malick responde mostrando a grandiosidade do universo, a multiplicidade das formas de vida, a complexidade e a beleza do macrocosmo, a delicadeza do microcosmo, a pujança da natureza e seu grandioso descaso frente ao destino humano, o misterioso funcionamento desta magnífica engrenagem.

A questão posta é: se há um silêncio de Deus frente às súplicas pessoais de seus servos, não seria o andamento do universo, cuja magnitude nossa pequenez não permite entender, uma espécie de ininterrupta resposta, a evidência de sua presença e atuação?

Mergulhada na ignorância, a humanidade é obrigada a seguir seu caminho. Ela aqui está muito bem representada pela família O'Brien, situada nos Estados Unidos dos anos 1950, portando traços autobiográficos de Malick. O pai (a "natureza") luta pela sobrevivência e educa os filhos com rigor. A mãe (a "graça"), amorosa e sonhadora, é o elemento de coesão da família. Ambos tentam transmitir para seus rebentos os valores em que acreditam, julgando com isso prepará-los para a vida, mas inadvertidamente marcando-os para sempre com suas próprias frustrações e desejos nunca realizados. Como toda família, ela está irremediavelmente estruturada em torno do drama edipiano, com toda sua gama de amores incestuosos, ódios assassinos e rivalidades fraternas. É nesse contexto que ocorre a morte de um filho, impondo a necessidade de suportar o luto.

Malick contrapõe a vivência existencial do tempo – matéria da memória humana, representada no filme pela saga da família O'Brien – à incomensurabilidade do tempo cósmico, que mesmo em nosso pequeno planeta presenciou o aparecimento e a extinção de tantas espécies de vida. Jack, o filho mais velho, mostra-se taciturno na vida adulta, e impossibilitado de usufruir de suas conquistas – uma carreira, uma bela mulher e uma grande casa. Ao ser cobrado pelo pai, recupera a lembrança do irmão morto e, com ela, as demais recordações de sua infância. É com relutância que ele ultrapassa o portal que dá acesso ao passado. É preciso coragem para entrar ali. Ao reintegrar suas lembranças e tomar posse de sua memória, Jack se reencontra consigo mesmo e recupera a alegria de viver.

Esta poderia ser a descrição de um processo psicanalítico – a recuperação do passado traumático reprimido, a integração das ideias e afetos que estavam cindidos ou negados. Apesar de se apoiar no Livro de Jó, Malick mostra que a solução para a angústia existencial não estaria tanto na resposta religiosa e sim, psicanaliticamente, na integração do passado reprimido.

Mas persiste o enigma da vida, questão central nessa obra. O filme começa e termina com uma luz bruxuleante. O que será a força desconhecida que mantém o universo em movimento? Por meio da beleza de suas imagens fluidas e a intensidade de sua trilha sonora, *A Árvore da Vida* atinge em cheio a emoção do espectador e o mantém comovido até o fim.

# 14. *Meia-Noite em Paris* (*Midnight in Paris*, 2011), de Woody Allen:[1] Hemingway e Allen em Paris

No dia 2 de julho de 2011, meio século transcorreu desde o suicídio de Hemingway. O psiquiatra Christopher D. Martin, que estudou a fundo as quase duas dezenas de biografias publicadas sobre o escritor, diz que, em retrospectiva, tem-se a impressão de que Hemingway passou metade de sua vida tentando se matar. Não é possível entender de outra forma a sucessão de acontecimentos nos quais colocou sua vida em risco, a sequência de autoagressões, a quantidade de graves e bizarros acidentes sofridos por ele, nos quais a cabeça era a parte do corpo mais atingida. Para Martin, Hemingway sofria de grave transtorno bipolar, possivelmente com uma personalidade borderline com traços narcísicos, ao que se somava a dependência de bebidas alcoólicas e as sequelas dos diversos traumatismos cranianos. Teria vivido uma "autodramatização psicótica", personificando uma imagem fictícia de si mesmo, muito distante de suas reais características.

1 Publicado originalmente no Caderno 2 do jornal O Estado de São Paulo, em 25/06/2011, com pequenas adaptações para este livro.

Aparentemente, Hemingway se desorganiza psiquicamente aos 28 anos, quando recebe a notícia do suicídio do pai, que se matou com um tiro na cabeça, como ele próprio faria anos depois. Além do pai e dele mesmo, havia outros casos de psicose maníaco-depressiva (transtorno bipolar) na família, como sua mãe, seus irmãos, seu filho e sua neta, a modelo e atriz Margaux Hemingway, que foi a sexta suicida em quatro gerações.

A obsessão de Hemingway em se apresentar como super-homem, um modelo de perfeita masculinidade teria raízes em antigos traumas infantis, quando sua mãe o vestia de menina e o chamava de *Dutch dolly* (bonequinha holandesa), contra o que o menino se rebelava. Apesar de ser esse um costume relativamente comum naquela ocasião, parece que em seu caso houve excessos. Hemingway dizia odiar a mãe e ser por ela odiado, e só se referia a ela com o pejorativo *bitch* (cadela). Também com o pai seu relacionamento era difícil. Este era um homem violento que costumava surrar o filho com o couro de amolar navalha. Quando adolescente, Hemingway tinha o desejo consciente de assassiná-lo com um tiro na cabeça.

Significativamente, o filho de Hemingway, Gregory, apesar de ter tido quatro mulheres e oito filhos, era um *cross dresser* que terminou por fazer a operação de mudança de sexo. Como transexual adotou o nome Gloria e morreu na penúria, depois de ter sido humilhado e rejeitado pelo pai. Não terá sido fácil para Hemingway lidar com esta situação, que evidenciava a insuficiência de sua imagem de homem perfeito enquanto modelo identificatório para o filho, além de possivelmente evocar-lhe as lembranças da *Dutch dolly* de sua mãe.

Hemingway recebeu o Prêmio Nobel em 1954. Em 1960, afundou numa crise depressiva mais profunda, acompanhada de delírios persecutórios (achava que o FBI o perseguia, amigos queriam matá-lo, etc.), o que justificou o acréscimo de eletrochoques às medicações que já tomava. Tais medidas não tiveram o efeito esperado, pois se seguiram três tentativas de suicídio, sendo a última bem-sucedida.

Mas por que lembrar fatos tão desagradáveis da vida de Hemingway? Por que não me dar por satisfeito com a imagem que ele procurou deixar de si mesmo – o aventureiro amante das armas e das touradas, a participação nas duas grandes guerras e na guerra civil espanhola, as caçadas na África e as pescarias em alto mar, o pugilismo e as grandes bebedeiras, as conquistas amorosas (teve quatro casamentos), a genialidade literária agraciada com um prêmio Nobel? Para que quebrar o encantamento e insistir em mostrar a realidade, ainda mais agora que o estava vendo em *Meia-Noite em Paris*, o filme de Woody Allen baseado em seu delicioso livro póstumo, *Paris é Uma Festa*?

Todas estas ideias me ocorriam enquanto via o filme, acompanhando as aventuras de Gil, o norte-americano que pretende ser escritor, em viagem por Paris, na companhia dos futuros sogros e da noiva, que não compartilham de sua fascinação pela cidade e desconheciam seus heróis. Ignoravam Hemingway, Fitzgerald, Zelda, Cole Porter e Gertrude Stein, compatriotas que residiram na Cidade Luz nos anos 1920 e que se aproximaram de Picasso, Dalí e dos demais gênios que por ali circulavam. Num passe de mágica, Gil encontra a turma toda. E lá estava Hemingway, que Woody Allen, deliberadamente ou não, mostra de forma caricata, dizendo duvidosas frases de efeito e se comportando como um machão ridículo, o que reforçava minhas ideias anteriores.

À medida que o filme progredia, percebi que minhas ruminações sobre a necessidade de encarar a realidade, por menos atraente que ela possa parecer frente ao desejado e imaginado, estavam em consonância com a história de Allen. Gil, que idealiza os anos 1920, fica perplexo ao constatar que a amante de Picasso não se interessa por seus contemporâneos, pois admira com exclusividade a *Belle Époque*. Tal discordância faz Gil perceber que só tem o tempo presente e que é nele que deve procurar viver da melhor forma possível. Para tanto, é imprescindível deixar de lado a idealização de pessoas, lugares ou épocas e fazer render o que a realidade lhe oferece.

Reconfortado, concluí minhas elucubrações sobre Hemingway. Compreendi que olhar o que existe por trás da brilhante fachada pública que ele forjou de si mesmo não era um ataque invejoso contra sua glória, sua imortalidade. Era um necessário movimento que permitia reconhecer sua verdadeira grandeza. Afinal, suas grandes conquistas não foram as bravatas machistas das quais se jactava e sim a capacidade de vencer suas dificuldades internas e transformá-las em literatura, feito pelo qual lhe somos para sempre gratos.

# 15. *Um Método Perigoso* (*A Dangerous Method*, 2011), de David Cronenberg

O filme de Cronenberg visita momentos importantes do início da psicanálise. Para assegurar o futuro da nova disciplina, Freud necessitava dela tirar a pecha de "ciência judaica". E para tanto, era importante que seguidores não judeus aderissem à causa. Entre os que surgiram, Jung – suíço protestante, psiquiatra do prestigiado Burghölzli, hospital de Zurique dirigido por Bleuler – logo ocupou lugar de destaque.

Os dois homens estabeleceram uma intensa ligação, que foi rompida de forma traumática para ambos. Jung discordava da importância que Freud atribuía à sexualidade e este achava pouco científicos o misticismo e a religiosidade de Jung. Anos antes da briga, Sabine Spielrein fora internada no Burghölzli, onde, com grande êxito, Jung lhe aplicara a *talking cure* (cura pela fala), o tratamento "experimental" inventado por Freud. A paciente, até então muito afetada por sua histeria (magnificamente representada por Keira Knightley), pôde retomar sua vida, cursar medicina e tomar-se ela mesma uma psicanalista. Mas, nesse trajeto, tomou-se amante de Jung – algo proibido na relação entre paciente e psicanalista, tanto naquela época como nos dias de hoje. Freud se vê envolvido no caso, pois Sabine lhe escreve denunciando a conduta de Jung. Sabine termina por se aproximar de Freud, quando lhe expõe suas ideias originais sobre o que veio a ser chamado de "pulsão de morte" ou "tânatos".

Uma outra figura desafiadora e rebelde circula entre Freud e Jung: Otto Gross. O título do filme *Um Método Perigoso* capta bem os tempos heroicos da fundação da psicanálise, quando Freud delimitava seu objeto de estudos – a dimensão inconsciente do psiquismo – e esboçava os procedimentos técnicos necessários para sua abordagem. Tal como Pierre e Marie Curie, pioneiros da radioatividade, que morreram em consequência do desconhecimento do poder letal dos elementos que manejavam, Freud e os primeiros psicanalistas lidavam com afetos intensos e primitivos – seus próprios e de seus pacientes – sem terem ainda pleno conhecimento das suas consequências. Sabine Spielrein e Otto Gross, com quem Jung enquanto analista se envolveu fortemente, bem ilustram essa condição.

Os psicanalistas de hoje continuam trabalhando com o mesmo material, mas, graças à experiência e ao sacrifício dos primeiros a trilharem o caminho, têm agora mais recursos para lidar com ele, de forma que sua toxicidade não seja tão danosa para si mesmos e seus pacientes.

# 16. *Filme Socialismo* (*Film Socialisme*, 2010), de Jean-Luc Godard

Este filme de Godard, lançado em 2010, é uma longa meditação sobre a Europa no início do século XXI. Dividido em três movimentos ("Coisas assim", "Nossa Europa", "Nossas Humanidades"), o filme tem como metáfora central um cruzeiro pelo Mediterrâneo, premonitoriamente filmado no Costa Concordia, navio que naufragou na praia de Isola dei Giglio em 2012.

Godard usa o Mediterrâneo como palco simbólico da história europeia, de suas grandes realizações culturais, bem como das inúmeras guerras e lutas que a dilaceraram no correr dos séculos. Por suas águas, mostradas em imagens de grande beleza, passaram incontáveis embarcações em decisivas missões bélicas, culturais e comerciais. Agora nelas navega o estupefaciente turismo de massa.

O cineasta divide a humanidade – representada pelos passageiros – em três grupos. O maior é constituído pela multidão conduzida como rebanho em busca de entretenimento e consumo, deslumbrada com o "luxo" e a "elegância" do navio. Ela singra o Mediterrâneo indiferente ao acervo histórico-cultural daqueles lugares onde a civilização foi forjada: Egito, Grécia, Palestina, Barcelona, Nápoles, Odessa.

Em contraste gritante com a massa dos turistas, encontram-se outros dois pequenos grupos. O primeiro é constituído por policiais que seguem um passageiro, um possível criminoso da II Guerra Mundial. O outro grupo se caracteriza por discutir complexas questões filosóficas ou científicas em diálogos herméticos de difícil compreensão.

A forma como Godard organiza o universo de seus personagens denuncia a distância cada vez maior entre o homem comum e as prementes questões existenciais e políticas que determinam sua realidade imediata. Ao lembrar de maneira incessante das catástrofes da guerra e do totalitarismo, e a consequente luta travada para que a democracia prevalecesse, Godard lamenta que esses embates não tenham forjado cidadãos conscientes de seus direitos e deveres, dispostos a manter uma atitude participante e vigilante nos processos políticos. Em vez disso, o que encontra é o turista, um ser mesmerizado com o lazer estereotipado, programado e controlado, e para quem a própria viagem não é uma de descobertas e enriquecimento pessoal, é apenas mais um item de consumo a ser exibido socialmente.

Em parte, isso acontece porque o poder político e econômico usa de seus recursos de manipulação para inibir no cidadão suas capacidades críticas, entorpecendo-o com entretenimento. Há muito, pão e circo são oferecidos ao povo, mas o homem comum não é vítima inocente nesse processo. Isto é, o exercício da cidadania por parte dele implica o abandono da posição dependente e infantil de delegar o poder a figuras paternas e, especialmente no caso da Europa, além de ter de enfrentar memórias traumáticas das guerras recentes e dos regimes totalitários – o stalinismo, o nazismo, o fascismo, o franquismo – com os quais muitas vezes colaborou.

A certa altura, ouve-se no filme alguém dizer: "não se compra a liberdade com ouro ou sangue e sim com prostituição e traição". Seja por mecanismos de defesa contra memórias do passado traumático, por comodismo, por passividade, por comportamento regressivo infantilizado, por descaso ou por ignorância, o fato é que os passageiros do navio estão completamente distantes da história, das lembranças do passado recente, não propensos a pensar nos efeitos que este provoca no presente.

Da mesma forma, desconhecem temas importantes da ciência e da cultura. O distanciamento das massas em relação à cultura é patente no efeito desconcertante provocado no espectador pela inserção falada ou escrita de frases de grandes pensadores e filósofos europeus. Mesmo os que têm o francês como língua mãe teriam dificuldade em entender plenamente esses textos devido a sua complexidade, o que exigiria um tempo maior para serem absorvidos.

Godard radicalizou ainda mais essa forma narrativa ao recomendar, no lançamento do filme em Cannes, que ele não tivesse as legendas convencionais com a tradução completa dos diálogos, e sim uma versão truncada em um inglês básico, mal falado, que chamou de "navajo English", como o inglês falado pelos índios nos filmes de faroeste. Tal disposição, mantida apenas no lançamento, foi abandonada em seguida, visando facilitar a carreira comercial do filme.

A decisão de impor um "navajo English" no lançamento deve ser entendida como uma intervenção performática suplementar consoante com a tese defendida no filme, na qual Godard lamenta o fosso entre a linguagem da massa e a do conhecimento histórico e cultural, entre a alta cultura e a cultura popular, mostrando descrença de que tal situação possa ser revertida em curto prazo.

A postura de Godard não decorre de um elitismo condenável, que desprezaria a massa em sua ânsia de esquecer o passado e se divertir, ou seu desinteresse em defender as conquistas democráticas tão duramente batalhadas. Há mais uma compaixão, uma desencantada reflexão sobre as limitações da massa, o reconhecimento do desejo de ser comandada e de que é pequena a parcela dos que se sentem dispostos a enfrentar os desafios políticos e emocionais da liberdade. Nisso Godard se aproximaria da tese defendida por Freud em *Psicologia das massas e a análise do Eu,*[1] além de sugerir que o poder tira proveito dessa fragilidade da massa em vez de oferecer-lhe recursos para superá-lo.

Os primeiro e terceiro movimentos do filme ("Coisas assim" e "Nossas Humanidades") têm como eixo a presença do passageiro suspeito já mencionado. Ele remete a um episódio controvertido e nunca inteiramente elucidado ocorrido em 1936, alguns meses antes da eclosão da Guerra Civil espanhola e que ficou conhecido como o "Ouro de Moscou". Nessa ocasião, 510 toneladas de ouro, correspondentes a 72,6% das reservas em ouro do Banco de Espanha, foram transferidas de Madri para a União Soviética pelos republicanos, com o objetivo de evitar que os nacionalistas, facção liderada por Franco, dele se apoderassem.[2] Transportadas para Cartagena e de lá para Odessa, apenas um terço do ouro chegou a Moscou. Um terço da quantia teria sido roubada pelos alemães e o outro terço desapareceu entre Odessa e Moscou.

Godard ficcionaliza o episódio ao criar o personagem Otto Goldberg, também conhecido como Richard Christmann, Léopold Krivitsky, Markus e Moises Schmucke, supostamente um dos responsáveis pelo desaparecimento do "Ouro de Moscou". Como seus muitos nomes indicam, é um personagem camaleônico que se metamorfoseia acompanhando as oscilações da política, apresentando-se como cristão, judeu, espião nazista, membro da Resistência Francesa e que ressurge nos dias de hoje como um alto executivo de poderosas

1 Freud, S. (1923). A psicologia das massas e a análise do eu – volume 15, Standard Edition, Imago.

2 Moscow gold (Spain) – Wikipedia em 06/04/2022

multinacionais (Rhône-Poulenc, Bayer). Sua história é contada no livro *Markus*, de Roger Faligot, o qual alguns dos policiais leem no filme. Em texto escrito depois do filme, Godard diz que esse personagem está baseado na figura de Willi Müsenberg, poderoso homem do Partido Comunista, responsável pelo Comintern no Ocidente e que, curiosamente, teria financiado alguns filmes importantes.

O personagem Willi Müsenberg –Richard Christmann – Otto Goldberg e as peripécias em torno do "Ouro de Moscou" sintetizam bem as lutas envolvendo a implantação do socialismo na Europa – a guerra fratricida na Espanha entre republicanos, nacionalistas, comunistas, socialistas e anarquistas ("Democracia e tragédia se casaram em Atenas sob Péricles e Sófocles. Um único filho: a guerra civil"[3]); a consolidação do totalitarismo stalinista na União Soviética; a loucura ideológica que levou alguns líderes espanhóis a empreender tão temerária transferência de fundos; a força do ouro que a tudo corrompe.

Ao centralizar seu filme nesse vergonhoso episódio, Godard deixa transparecer sua descrença na capacidade da humanidade de concretizar os legítimos anseios de justiça social, tão vulnerável ela é às tentações corruptoras do poder e do dinheiro.

A reflexão de Godard vai além das vicissitudes sofridas pelo socialismo. Diante de uma massa despolitizada, voltada para o consumo e o entretenimento, o que será do inestimável acervo cultural e histórico da Europa? Como elaborar o trauma provocado por Stalin e Hitler? Como preservar os valores democráticos? Como integrar o passado colonizador que massacrou a América Latina e a África, (como elucida a passageira africana: "Pobre Europa, não se purificaram, se corromperam pelo sofrimento, não se sentiram exaltados e sim humilhados pela conquista da felicidade") passado

3 Film Socialisme: liberdade, igualdade e fraternidade – incinerrante

esse que retoma junto com as levas de imigrantes ilegais que invadem suas cidades? Como reconhecer a importância de outras culturas, como a islâmica e a hindu, "inventores do número e do negativo", inalienáveis conquistas intelectuais que permitiram grandes avanços? Significativamente, no navio, os empregados são não europeus, quase todos são orientais.

O segundo movimento do filme ("Nossa Europa") é ambientado em uma cidadezinha francesa da região do Vaud e gira em torno da família Martin. Somos avisados por letreiros no meio da ação que "Família Martin" era o nome de uma célula da Resistência Francesa durante a invasão alemã. A família mostrada por Godard atravessa duas grandes crises. A primeira é a geracional, pois a autoridade dos pais é contestada radicalmente pelos filhos que os desafiam e querem tomar-lhes o poder. A segunda é a de gênero: enquanto o pai parece se ocupar com a vida doméstica, a mãe, sempre vestida de forma masculina, é quem exerce funções públicas e é candidata a um cargo eletivo, no que é também contestada pelos filhos, que se arrogam o direito de se candidatarem. A mãe expressa de forma candente o dilema da mulher entre a maternidade e a carreira profissional, entre o amor materno e suas ambições pessoais. E é significativo que o casal de irmãos se chame Florine e Lucien, personagens de *As ilusões perdidas*, de Balzac, livro que a moça lê no início da cena, ao lado de, surpreendentemente, uma lhama, animal típico das colônias espanholas da América Latina, que por sua vez forneceram ouro e prata para os reis católicos Fernando e Isabel. A questão de gênero e a reivindicação feminista se expressam ainda no cuidado com que Florine escuta as desinências que indicam a atribuição de gênero às coisas.

É nesse contexto que aparecem os letreiros "Quo vadis, Europa" (Para onde vais Europa), que evoca a um evento recontado na tradição cristã. Diz a tradição que, temendo a perseguição empreendida pelos romanos contra os cristãos, Pedro fugia de Roma quando lhe aparece o próprio Cristo dirigindo-se para a cidade. Pedro lhe pergunta "Quo vadis Domine?" (Para onde vais, Senhor?) e Cristo lhe responde que vai para Roma para ser novamente crucificado. Envergonhado, Pedro volta para a cidade e paga com a vida a fidelidade à sua fé.

Em 1895, o polonês Henrik Sienkiewicz utilizou essa frase para compor o título de um romance muito popular (*Quo Vadis*), no qual abordava justamente os primeiros tempos do cristianismo em Roma. O romance, por sua vez, deu origem a um filme homônimo sucesso de público nos anos 1950, com Deborah Kerr e Robert Taylor.

*Quo Vadis* evoca não só referências à história da Europa e do cinema, como mostra a preocupação de Godard com o estado atual da Europa, sua aparente falta de rumo com a perda dos balizamentos fornecidos pela religião e pela ideologia revolucionária, deparando-se com profundas mudanças socioculturais, como o declínio da figura paterna, a disputa geracional na qual os jovens são idealizados e a experiência dos mais velhos é desprezada, as agudas questões de gênero, com a eventual masculinização da mulher. Sem defender os valores convencionais patriarcais ou atacar a luta feminista, Godard se pergunta que efeitos isso produzirá nas gerações futuras, tendo em vista, por exemplo, a atitude abertamente incestuosa de Lucien com a mãe.

A abordagem da família Martin comporta ainda uma crítica à mídia, que muitas vezes vulgariza, banaliza e desinforma o público ao transformar tudo em espetáculo, uma manipulação mais sutil apenas aparentemente menos danosa que o controle explícito promovido pelos regimes autoritários.

No terceiro movimento, que é uma espécie de coda no qual ressurgem elementos do primeiro, Godard menciona a questão da Palestina e do roubo do ouro de seu banco.

Para um psicanalista, o estilo de Godard evoca o discurso fragmentado, condensado e deslocado do sonho e da própria associação livre. Faz parte do repertório de Godard a introdução na tela de frases, ditos, citações de escritores e filósofos ou comentários próprios, trechos de vídeos e filmes de outros cineastas. Como já mencionado, a pletora de citações complexas surpreende o espectador, que se depara com a dificuldade de compreendê-las. Com isso Godard se afasta definitivamente dos modelos de entretenimento, nos quais o expectador recebe passivamente um produto pronto para ser consumido sem esforço. Aqui ele se vê convocado a assumir uma atitude ativa para se apropriar da massa de informação que lhe é oferecida.

A menção ao "Ouro de Moscou" mostra o desencanto de Godard com o socialismo real, a corrupção, o roubo, a traição. Seu personagem Otto Goldberg transita entre o comunismo, o nazismo e termina como um executivo de multinacional.

Ao que parece, a única coisa que sobrou do sonho socialista é a socialização do consumo, o consumo de massa. O socialismo seria uma das ilusões perdidas, como no título do livro de Balzac. Mas a desilusão de Godard não se restringe ao socialismo. Ao lembrar as guerras sucessivas travadas na Europa e suas conquistas coloniais, Godard reafirma que o homem é o lobo do homem. No filme são mostradas várias vezes as imagens de tubarões dizimando cardumes de peixes menores.

Ao considerar desnecessário traduzir cuidadosamente as falas de seu filme, Godard parece mostrar sua convicção de que a massa dificilmente se interessaria por ele (filme) e que tampouco teria condições de entendê-lo. Seu gesto ecoa o que é mostrado no próprio filme, no qual a massa se diverte no cruzeiro, alheia às vitais questões políticas e intelectuais que se desenrolam a seu redor e das quais não deveria se isentar. Isso fica bem ilustrado na cena em que o filósofo Alain Badiou faz uma palestra no salão deserto do navio. Godard diz que, de fato, durante as filmagens a palestra de Badiou foi oferecida aos passageiros como mais uma das atrações do cruzeiro e não apareceu nenhum interessado.

À desesperança apocalíptica de Godard se contrapõe sua própria criatividade, que lhe permitiu realizar o filme. Se o Mediterrâneo testemunhou incontáveis manifestações da pulsão de morte que massacrou e dividiu tantas vezes a Europa, também presenciou a capacidade do homem de refazer, recriar, reparar aquilo que destruiu.

A constatação de que a barbárie está sempre ameaçando a civilização não deveria nos levar à melancolia e ao desespero e sim servir de desafio e estímulo para que deixemos o comodismo e sejamos mais ativos na defesa de seus valores.

Esses comentários estão longe de esgotar os significados de *Film Socialisme.* Os interessados poderão ter acesso a muitas outras informações em sites específicos. Selecionei quatro deles que me parecem bem instrutivos:

- A cuidadosa exegese de Artur Mas e Daniel Pisani, em francês: http://www.independencia.fr/ indp/l0_FILM_SOCIALISME_JLG.html
- Tradução do artigo em português, realizada por Marcelo Ribeiro: http://www.incinerrante.com/textos/film-socialisme-liberdade-igualdade-e-fra ternidade
- Uma interessante resenha em inglês, de Donald Reid: https://www.nplusonemag.com/online-only/film-review/what-we-learn-we-teach-ourselves/
- Uma resenha inglesa: http://www.movingimagesource.us/articles/film-socialisme-annotated-20110607

# 17. *Anticristo* (*Antichrist*, 2009), de Lars Von Trier: reflexões sobre o ódio entre homens e mulheres[1]

Como Freud mostrou, no ser humano, a coincidência entre sexo biológico e identidade sexual não é automática e natural, mas resultante de processos psíquicos inconscientes e jogos identificatórios organizados pelo complexo de Édipo e seu correlato, o complexo de castração.

As consequências psíquicas das diferenças anatômicas entre os sexos não se refletem apenas a nível singular, ou na identidade que cada um assumirá, mas determina a própria estrutura da sociedade, na medida em que cada sexo nela ocupa um papel bem definido.

Vivemos milenarmente em um regime patriarcal, em que o homem exerce o poder social, político, moral e econômico. Ainda hoje o domínio imposto pelos homens às mulheres se manifesta desde a posição subalterna que elas, muitas vezes, são obrigadas a manter nas relações sociais até concretos maus-tratos e agressões físicas que podem chegar ao assassinato. Em alguns lugares do mundo, nascer

---

1 Palestra realizada em São Paulo, no XII Simpósio do Núcleo de Estudos Junguianos da PUC-SP – Erotismo e sexualidade na contemporaneidade, 31/10/2014.

mulher é o equivalente à uma sentença de morte, como mostram os infanticídios de meninas na Índia e China.

O movimento feminista tem lutado contra esse estado de coisas e conseguido vitórias significativas, embora a almejada igualdade de direitos dos dois sexos ainda esteja longe de ser alcançada. Embora essas sejam questões bastante conhecidas, meu interesse por elas foi vivamente renovado ao ver o filme *Anticristo*, de Lars von Trier. Ao situar a ação de seu filme na Dinamarca de hoje, Trier mostra que a luta entre homens e mulheres, por ter raízes profundas, transcende as barreiras culturais, sociais e econômicas, não ocorre apenas em países pobres e atrasados, nos quais o patriarcalismo e o machismo decorrente são explícitos e inquestionados.

A personagem feminina de Trier pretende escrever uma tese universitária sobre o "ginocídio" ("gynocide"), palavra já corrente em português. "Ginocídio" e seu equivalente "feminicio" são termos de forte conotação política, cunhados por militantes feministas.[2] Jogando com as palavras, visam caracterizar um tipo de assassinato específico, diferençando-o do habitual "homicídio", pois nele a vítima é sempre uma mulher, assassinada por motivos patriarcais ou machistas.[3]

Embora seja um tema com muitos desdobramentos, a definição dada por Russell sintetiza e expõe bem a dimensão do problema:

---

2 RUSSELL, Diana E. H. *Femicide: Politicizing the Killing of Females*. Disponível em: www. igwg.org/igwg_media/femicide/russell.doc; RUSSELL, Diana E. H. *The Origin & Importance of the Term Femicide*. 2011. Disponível em: https://www.youtube.com/watch?v=fk9VNHYMOrE. Acesso 9 mar. 2022.

3 Além de "gynocide" e "femicide", há uma terceira tipificacão criminal, o "gendercide", que engloba o "androcide" e o "femicide" – ou seja, o assassinato motivado pelo gênero da vítima, quer seja homem ou mulher. Por exemplo, a matança de homens e meninos nos episódios de limpeza étnica (Srebrenica), a matança das bruxas na Idade Média e das mulheres em Ciudad Juarez, tema do livro "2666" de Roberto Bolaños e aparentemente ainda hoje em andamento.

> *O feminicídio está no extremo de um continuo de terror antifeminista que inclui uma ampla variedade de abuso verbal ou físico, como estupro, tortura, escravidão sexual (particularmente na prostituição), abuso sexual infantil extrafamiliar ou incestuoso, agressão física ou emocional, assédio sexual (via telefone, nas ruas, em escritórios, em salas de aula), mutilação genital (clitoridectomia, excisão, infibulação), operações ginecológicas desnecessárias (histerectomias gratuitas), heterossexualidade forçada, esterilização forçada, maternidade forçada (pela criminalização da contracepção e do aborto), psicocirurgia, privação alimentar em determinadas culturas, cirurgias cosméticas e outras mutilações em nome do embelezamento. Sempre que essas formas de terrorismo resultam em morte, elas se tornam feminicídios*"[4].

Vê-se então que o tema da tese da personagem de Trier não é um detalhe sem importância e sim um dado de grande significado.

O filme nos convida a rever as motivações inconscientes do ódio entre homens e mulheres, seguindo alguns textos clássicos de Freud e Melanie Klein e o estudo mais recente sobre o matricídio, realizado por Amber Jacobs.

A diferença anatômica entre os sexos tem efeitos ambivalentes na relação entre homens e mulheres. Se por um lado é o que desperta a maior atração entre eles, ao mesmo tempo é o que mais os afasta, pois entendida fantasmaticamente como a decorrência de uma mutilação, faz com que o homem se posicione de forma arrogante e superior em relação à mulher, que, desprovida de órgão tão valorizado, coloca-se ou é colocada (pelos homens, pela cultura machista,

4 "Feminicide" – verbete da Wikipedia em inglês.

por ela mesma na medida em que introjeta tais concepções) como humilhada e invejosa. Afirma Freud:

> *A psicanálise acredita que descobriu grande parte do que fundamenta a rejeição narcísica das mulheres pelos homens, a qual está tão entremeada com o desprezo por elas, ao chamar a atenção para o complexo de castração e sua influência sobre a opinião em que são tidas as mulheres.*[5]

Para Freud, a entrada no complexo de Édipo faz com que a criança veja com outros olhos algo que até então não dava muita importância: as diferenças sexuais, a ausência ou presença do pênis. A partir daí, a criança passaria a atribuir essa diferença a uma mutilação, a uma castração, punição exemplar frente aos desejos incestuosos e parricidas que abriga. Como até então acreditava na existência de um único sexo, ou seja, atribuía a ambos os genitores a posse de um falo, a visão do genital "castrado" da mãe provoca-lhe um trauma definitivo que é ilustrado pelo mito da cabeça decepada de Medusa.[6] Diz ele:

> *Provavelmente nenhum indivíduo humano do sexo masculino é poupado do susto da castração à vista de um órgão genital feminino. Por que algumas pessoas se tornam homossexuais em consequência dessa impressão, ao passo que outras a desviam pela criação de um fetiche,*

---

5 FREUD, S. *O tabu da virgindade*. Edição Standard Brasileira das Obras Psicológicas Completas. Vol. 15 Rio de Janeiro: Imago, 19690[1917], p. 184-185.

6 FREUD, S. *A cabeça de Medusa*. Edição Standard Brasileira das Obras Psicológicas Completas. Vol. 8. Rio de Janeiro: Imago, 1969a. p.329.

> *e a grande maioria a supera, francamente não somos capazes de explicar.*[7]

A fantasia masculina de que a mulher sofrera uma castração e poderia se vingar invejosamente atacando o pênis dos homens fica reforçada posteriormente pelo fato de a sexualidade da mulher ser marcada pelo sangramento, quer seja no defloramento ou no recorrente fluxo menstrual. Isso aguça o ancestral horror ao sangue que acometia os homens primitivos. Essa fantasia, que regia o tabu da virgindade em sociedades arcaicas, persiste no inconsciente, reforçando o antigo medo provocado pela visão do genital da mãe.[8]

Sob esse aspecto, a mulher é vista pelo homem como perigosa, desejando paralisá-lo com a exibição aterrorizante de seu genital castrado ou destruir-lhe invejosamente o pênis com sua vagina dentada. Não é à toa que o próprio diabo fugiu em pânico ao ver a vulva, como nos lembra Freud.[9]

Em "Um tipo especial de escolha de objeto feita pelos homens" e "Sobre a tendência universal à depreciação na esfera do amor",[10] Freud mostra que a atitude do homem em relação à mulher decorre de sua fixação infantil à mãe. O fato de a mulher ser vista ora como decaída e prostituta, ora como Madona ou virgem pura, decorre do complexo de Édipo, quando o filho se depara com a sexualidade dos pais e tem que lidar com os ciúmes da mãe, o ódio a ela que o preteriu pelo amor ao pai (e irmãos).

---

7 FREUD, S. *O Fetichismo*. Edição Standard Brasileira das Obras Psicológicas Completas. Vol. 21. Rio de Janeiro: Imago, 1969b. p. 182.

8 FREUD, S. *O Tabu da Virgindade* (Contribuição à psicologia do amor). Obras Completas, Vol. XV. Rio de Janeiro: Imago, 1969, p. 184

9 FREUD, S. *Ibidem*, 1969a. p.330.

10 FREUD, S. – contribuição à psicologia do amar, obras completas, vol. XV, Rio, Imago, 1969

Com as correntes pós-freudianas, especialmente com Melanie Klein, a mãe passa a ocupar uma posição diferente na teoria psicanalítica. Na análise de crianças pequenas, Klein descobriu novos aspectos da relação do bebê com a mãe. Diz ela:

> *Na análise de crianças pequenas, descobri um superego impiedoso e persecutório, coexistindo com a relação com os pais amados e mesmo idealizados. Retrospectivamente, descobri que nos três primeiros meses, quando impulsos destrutivos, projeção e cisão estão no auge, figuras aterradoras e persecutórias fazem parte da vida emocional do bebê. Representam aspectos aterradores da mãe e ameaçam o bebê com todos os males que ele, com ódio e raiva, dirige para o objeto originário. Embora essas figuras sejam contrabalançadas pelo amor da mãe, são, no entanto, causa de grande ansiedade. Desde o início a introjeção e a projeção estão em atividade e formam a base para a internalização do primeiro e fundamental objeto, o seio materno e a mãe, tanto em seus aspectos aterradores como em seus aspectos bons. É essa internalização que é o alicerce do superego. Tentei demonstrar que mesmo a criança que tem uma relação amorosa com sua mãe, tem também, inconscientemente,* um terror de ser devorada, dilacerada e destruída por ela. *Apesar de atenuadas pelo senso de realidade, tais ansiedades persistem ao longo da primeira infância. Elas fazem parte da posição esquizoparanóide própria dos primeiros meses de vida. Ela inclui retraimento esquizoide e fortes impulsos destrutivos que cria objetos persecutórios via*

> *projeção. Também cinde a figura materna numa parte muito ruim e numa boa, idealizada.*[11] *(Grifos do autor).*

Muito embora essas cisões sofram modificações na posição depressiva, as oscilações das posições fazem com que as imagos de mãe persecutória e devoradora possam ser reativadas, produzindo efeitos sintomáticos.

A cisão entre o seio bom e o seio mau, a amada mãe boa e a odiada mãe má tem inúmeras representações na clínica e na cultura, como mostra, por exemplo, Bruno Bettelheim em *A Psicanálise dos Contos de Fadas*, com suas madrastas e bruxas.

Podemos então pensar que a atitude dominadora e sádica do homem em ralação à mulher, que se expressa socialmente como poder patriarcal e seus desdobramentos machistas, é uma atualização do ódio infantil contra a mãe que o traiu ou é uma formação reativa do medo que ela lhe provocou enquanto figura todo-poderosa, senhora da vida e da morte, de quem, em seu desamparo inicial dependia completamente e que posteriormente se revela portadora de um perigoso genital.

Assim, na fantasia masculina, a mulher transita de uma posição inicial de poder ilimitado – enquanto mãe devoradora persecutória e possuidora de um genital capaz de paralisar ou matar aquele que o vê, ou mãe desejada que seduz e trai – para a posição indefesa e vulnerável de um ser castrado, mutilado, objeto de uma constante agressão e desprezo. A violência do homem em relação à mulher pode chegar ao assassinato, o feminicídio, como vimos.

---

11 KLEIN, Melanie. "Algumas reflexões sobre a Oresteia". In: *Inveja e Gratidão*. Rio de Janeiro: Imago, 1991, p. 315.

Como essa hostilidade é a atualização de sentimentos reprimidos em relação à mãe, era de se esperar que o matricídio tivesse uma relevância maior no corpo teórico da psicanálise. Mas o parricídio de Édipo domina a cena, enquanto o matricídio de Orestes é praticamente ignorado.

O matricídio é o tema central da trilogia de Ésquilo, a "Oresteia" – *Agamenon*, *Coéforas* e *Eumênides*. Agamenon, casado com Clitemnestra, é pai de três filhas (Ifigênia, Electra e Crisótemis) e um filho (Orestes). Ao voltar triunfante da Guerra de Troia, onde lutara ao lado do irmão Menelau para resgatar a cunhada Helena, é assassinado por Clitemnestra, que alega ter agido assim por ter ele antes sacrificado a filha Ifigênia, imolando-a aos deuses para que suspendessem a calmaria que impedia a navegação para Troia. Além de vingar a filha, Clitemnestra também visava escapar da ira de Agamenon, pois o traíra com Egisto. O filho Orestes, que fora por ela abandonado anos antes, retoma a mando de Apolo para vingar o pai. Encontra-se com a irmã Electra que o ajuda a matar a mãe, desencadeando imediatamente a ira das deusas Erínias, que passam a persegui-lo. Não aguentando mais o sofrimento, Orestes recorre a Apolo, que o encaminha a Atena, aquela que "não teve mãe", pois nascera da cabeça de Zeus totalmente ajaezada como guerreira. Atena organiza o julgamento de Orestes no Areópago, e o defende, conseguindo que os arcontes o perdoem e que as Erínias parem de persegui-lo e passem a protegê-lo. Com isso, elas próprias se transformam – deixam de ser as Erínias (Fúrias), implacáveis punidoras de criminosos, e passam a ser as Eumênides (Benevolentes), que perdoam e protegem.

Analisando a "Oresteia", Melanie Klein pensa que o assassinato da mãe acontece dentro do regime fálico, pois, em princípio, é para defender o pai e restaurar sua honra que Orestes mata Clitemnestra. A autora interpreta o ódio de Orestes pela mãe em termos de fixação na posição esquizoparanóide e no complexo de Édipo invertido, apesar de reconhecer que Clitemnestra havia sido uma mãe má, já que havia abandonado tanto Orestes quanto Electra quando crianças.[12] Para ela, as perseguidoras Erínias (Fúrias) são a projeção da agressão e culpa de Orestes, e a transformação delas em Eumênides (Benevolentes) mostraria o sucesso na transição da posição esquizoparanóide para a depressiva, o que proporciona a introjeção da imago de uma mãe boa, que dá origem a um superego benévolo e protetor.

A acadêmica feminista Amber Jacobs discute o mito de Orestes sob um ângulo bem diferente.[13]Antes de abordar o tema de Orestes, Jacobs lembra que Levi-Strauss afirmava que a maneira adequada de entender e interpretar os mitos é conhecer a todos eles e então buscar no conjunto os elementos de repetição e reincidência. De acordo com essa perspectiva, seria impossível entender o mito de Édipo sem correlacioná-lo com as demais tragédias e mitos gregos, uma vez que todos são interligados e se complementam.

Jacobs não questiona a importância da interpretação freudiana de Édipo, mas pensa que o estudo de outros mitos ampliaria o campo analítico. Cita Christina Wieland, que diz:

> *Freud escolheu o mito de Édipo para descrever a masculinidade e seus impasses. Entretanto, é evidente que a história de Édipo não pode ser usada para descrever a feminilidade e, mesmo para o menino, o mito de Édipo não conta a história toda. Tivesse Freud escolhido o mito de Orestes, poderia ter descoberto aspectos diferentes da masculinidade, como aqueles revelados no pavor do menino frente a uma mãe onipotente, a procura de uma*

---

12 KLEIN, Melanie. Algumas considerações sobre a "Oresteia". p. 324-25.

13 JACOBS, Amber. *On Matricide: Myth, Psychoan alysis, and the Law of the Mother.* Columbia University Press. Kindle Edition, 2012.

> *figura identificatória masculina e a violenta destruição de sua ligação com a mãe.*[14]

Jacobs entende que o Édipo fornece uma estrutura simbólica eficaz, mas que não deve ser entendida como a única possível. Acredita ser necessário descobrir outras leis estruturais que deem origem a diferentes sistemas simbólicos. Para ela, há uma repressão do matricídio no pensamento psicanalítico. O ostracismo do mito de Orestes na teoria analítica mostra o quanto o primado da estrutura parricida edipiana marginaliza e desconsidera outras significativas constelações fantasmáticas.

De fato, a psicanálise repousa no mito de Édipo, que, ao matar o pai, desencadeia uma série de consequências trágicas – a autopunição com a cegueira ao constatar o parricídio e o incesto com a mãe, que logo se mata. O assassinato do pai é uma perda constituinte, geradora de uma lei (a lei do pai) que dá origem a estruturas que organizam o espaço interno psíquico e o espaço externo social. Em outras palavras, não há uma teorização do matricídio equivalente ao que ocorre com o parricídio, como mostra *Totem e Tabu*, mito psicanalítico da origem do processo de humanização centrado no assassinato do pai. Dever-se-ia isso a uma repressão ou a outros mecanismos que o releguem ao inconsciente? – indaga Jacobs.

Jacobs se apoia em Derrida, Irigaray e Green, autores que pensam ser possível a convivência de diferentes estruturas simbólicas no psiquismo, o que criaria um paradigma completamente diverso, diferente do rígido padrão predominante edipiano fálico vigente em Freud e Lacan. Esse novo paradigma teria uma flexível heterogeneidade e funcionaria de acordo com o modelo do caleidoscópio proposto por Derrida.[15] Nesse modelo, a integração identificatória

14 JACOBS, Amber. *Ibid.* Kindle Location 1262-1266.

15 JACOBS, Amber. *Ibid.* Kindle Location 706-718.

se revela como uma ilusão temporária e maleável, ao contrário do modelo freudo-lacaniano, que teria como analogia equivalente o quebra-cabeça, na medida em que pressupõe uma ilusória fixidez da integração psíquica.

Irigaray afirma que a própria ordem simbólica, que tudo organiza, é essencialmente o imaginário masculino transformado em lei. Para ela, as fantasias do imaginário masculino são sistematicamente amparadas, representadas e confirmadas pelas instituições sociais que agenciam a ordem simbólica dominante.[16]

Green, por sua vez, observa que a perda do seio materno, importante tópico na teoria dos objetos, não é adequadamente teorizada. Muito do que se escreve a respeito são relatos de observação empírica e não elaborações teóricas que usem metáforas, estruturas, hipóteses. Green mostra que a fantasia de perda da mãe não tem o caráter definitivo e sangrento como tem a perda ou assassinato do pai. Da mesma forma, a perda do seio não é igual à perda do falo, sanguinolenta, decisiva, irreversível. A mãe não é assassinada de uma vez por todas, ela desaparece e volta. O mesmo ocorre com o seio. A criança perde o seio, sem o perder propriamente. Green considera a perda do seio/mãe como um acontecimento da "série branca", "vazia", diferente dos eventos da "série vermelha", sanguinolenta, como o parricídio e a castração. Será por esse motivo – pergunta-se Jacobs – que essa perda não gera uma lei, uma genealogia, uma filiação, como ocorre com o assassinato do pai?[17]

Jacobs mostra que André Green reconhece ser possível a coexistência de mais de um sistema simbólico no psiquismo. Também importante para Jacobs é o conceito de "mãe morta", que não se confunde com o de mãe assassinada própria do matricídio, embora tenha com ele algumas ligações. Com essa figura teórica, Green

---

16 IRIGARAY, Luce. *apud* JACOBS, Amber. *Ibid.* Location 499.
17 JACOBS, Amber. *Ibid.* Location 851.

reconhece a realidade objetiva da mãe, ela não é mera projeção das fantasias do bebê, desde que sua efetiva depressão poderá ter graves efeitos sobre seu filho, que, sem poder entender a mudança no comportamento da mãe, termina por se culpabilizar por ela, desenvolvendo ruminações obsessivas, pensamentos compulsivos para decifrar os mistérios inapreensíveis da depressão materna.

É a partir desses pressupostos que Jacobs lê Orestes, especulando se teria havido uma lei da mãe suprimida e reprimida pela lei do pai. Jacobs aborda a questão do matricídio na tragédia de Orestes a partir de seu julgamento no Areópago. Não suportando mais a perseguição das Erínias, Orestes recorre a Apolo que o encaminha a Atena, "aquela que não nasceu de mãe", pois seria filha exclusivamente de Zeus. Por "não ter tido mãe" Atena não se mostra escandalizada com o matricídio e defende Orestes. Convence os arcontes e as próprias Eumênides a perdoarem-no, transformando essas últimas em Benevolentes.

Jacobs lança inesperada luz no mito ao lembrar que não é verdade que Atena "não nasceu de mãe" como Zeus apregoa, vangloriando-se de tê-la gerado sozinho, sem o concurso de uma mãe, o que Atena, identificada com o pai, repete. A verdade é que Zeus engravidara a esposa Métis, uma titânide de grande sabedoria e sagacidade, e simplesmente a engolira. No ventre de Zeus, Métis grávida continuava a orientá-lo e aconselhá-lo. Um dia, Zeus sente forte dor de cabeça e dela nasce Atenas, paramentada como guerreira.

Com razão, Jacobs aponta para a sintomática repressão (ou forclusão?) desse fato em todo o corpo mitológico. Ésquilo oficializa Atena como filha de Zeus e ignora a maternidade de Métis. A mesma coisa faz Freud.

Com isso, Jacobs mostra que há, na "Oresteia", um duplo matricídio. O primeiro, manifesto, realizado pelo filho Orestes que mata a mãe Clitemnestra. O segundo e, a seu ver, muito mais importante pois possibilita uma teorização estruturante, está reprimido, negado ou forcluído – é a eliminação de Métis por parte de Zeus, que usurpa o papel feminino materno, apropria-se de seus conhecimentos e sabedoria, com o que é cúmplice sua filha Atena, ironicamente deusa da sabedoria e da justiça, pega aqui em flagrante injustiça e parcialidade, a afirmar que "não conheceu a escuridão do útero".

No Areópago, o único argumento em defesa de Orestes é o fato de Atena não ter mãe, o que provaria que a mãe não é necessária para a concepção de um filho, um pai pode gerá-lo sozinho. Com isso, Orestes é perdoado. Há uma negação completa do destino de Métis, dos crimes dos quais foi vítima. Tal defesa cairia imediatamente por terra, e mesmo Atena seria atingida, se a repressão/negação em torno da morte de Métis fosse levantada.

Vê-se que aqui as coisas se complicam um pouco. Métis é assassinada e não o é, pois continua viva no ventre de Zeus, que a submete e se apropria de sua sagacidade e esperteza, mas, na medida em que a filha nega a existência da mãe e assume o discurso paterno, não deixa de configurar um matricídio simbólico.

O assassinato de Métis, o matricídio, é atribuído à inveja masculina pelos dons criativos femininos, da qual Zeus é representante e porta-voz. Esse episódio da Oresteia é valorizado por Jacobs, pois, a seu ver, a fantasia partenogenética masculina é permanentemente atuada e se constitui a base de nosso sistema simbólico fálico. A partir daí, Jacobs propõe que teria havido uma lei ditada por Métis que proibiria o assassinato da mãe, estabeleceria a impossibilidade da partenogênese, afirmaria ser impossível a geração sem o concurso do outro sexo e caracterizaria tal pretensão como própria da onipotência narcísica. É a negação dessa lei que dá vez à prepotência masculina.

Nesse ponto, Jacobs está de acordo com Irigaray, que afirma que nossa cultura está organizada em tomo do matricídio forcluído, escondido atrás do parricídio simbólico.

Para Jacobs, a maneira como Zeus age com Métis seria a matriz do patriarcalismo, a forma como o homem se apropria do poder criativo da mãe-mulher, arroga-se como o único capaz de gerar, e mais, estabelece uma situação na qual impossibilita o assassinato da mãe de ser reconhecido. Nem morta nem viva, não se constitui uma perda como a do pai acontecida no parricídio, que, ao ser reconhecida, gera uma lei simbólica que organiza o mundo interno e externo.

Para Jacobs, o comportamento de Zeus ilustra a diferença entre incorporação e introjeção tal como proposta por Abraham e Torok. Para esses autores, a incorporação é uma fantasia, a introjeção, um processo. A incorporação nega a perda e sua simbolização por meio de palavras, impossibilitando assim o luto e sua elaboração, o que ocorre na introjeção, com a formação de metáforas e demais representações. Por isso, a incorporação é por eles chamada de "antimetáfora". A figura do morto, em vez de ser elaborada e simbolizada, é literalmente "comida", ingerida, ocupando um lugar especial no psiquismo, uma "cripta" na terminologia de Abraham e Torok, mecanismo diferente dos demais descritos pela psicanálise, de acesso possível apenas mediante a reconstrução feita pelo analista. Na opinião de Green, na perda do seio materno haveria uma presença via incorporação (Abraham-Torok), ao contrário de uma efetiva perda, como na castração e parricídio, que se dão via introjeção.

Jacobs enfatiza que, na "Oresteia", a estrutura subjacente ao mito de Zeus e Métis consta dos seguintes ele mentos: "O pai pode gerar sozinho" / "Atena não tem mãe" (base da lei paterna) = fantasia partenogenética masculina = matricídio + incorporação (expresso por meio do mito de Métis) – falha na introjeção/luto = matricídio despojado de sua lei subsequente – falta da proibição da fantasia partenogenética masculina.[18]

---

18 JACOBS, Amber.*Ibid*. Kindle Location 3729.

Ao contrário de Melanie Klein, que julga ver no Areópago a evidência do amadurecimento de Orestes, uma integração das imagens cindidas da mãe, uma superação do ódio, a aquisição de um superego benigno, Jacobs mostra que a suposta maturidade de Orestes e a transformação das Erínias em Benevolentes não passam de formações reativas que se dão às custas de Electra, que, carregando a loucura do irmão e das Fúrias, mantém-se presa ao passado, ao remorso pelo crime, na impossibilidade de elaborar o luto. Nisso Jacobs coincide com Irigaray e Green, que vêm Orestes como a dimensão psicótica de Édipo. Ademais, Jacobs insiste na cega parcialidade de Atenas, que identificada com Orestes no matricídio, consegue que o perdoem e, em assim fazendo, para não lembrar os crimes contra Métis, deixa impune o assassinato de Ifigênia perpretado por Agamenon. Dessa maneira, como que avaliza o incesto pai-filha, pois os elementos simbólicos do episódio permitem tal entendimento. Agamenon convoca Ifigênia dizendo que vai casá-la com alguém. Ela chega vestida para tanto e ele a espera no altar, como se fosse o noivo e a mata enfiando sua espada no pescoço da filha. A morte de Ifigênia é ignorada por todos e mesmo seu corpo se transforma num cervo e desaparece. Tal como aconteceu com Métis, não há luto, perda, sua morte é suprimida.

A negação ou forclusão do desaparecimento de Métis é uma questão grave, pois ocorre justamente quando Atena estabelece o império simbólico da lei, visando acabar com a barbárie vigente expressa nos crimes de sangue que dizimavam as famílias. Doravante, o tribunal julgará os crimes, o que se constitui como um grande avanço civilizatório. O problema é que a lei que se firma está assentada em um crime, na negação de outra lei, a lei da mãe, sufocada em função do estupro, incorporação e fantasia partenogenética de Zeus, que assim se apropriou de todos os dons de Métis.

Ao contrário do parricídio, que, por ter sido reconhecido e lamentado, gerou uma lei estruturante, o matricídio não reconhecido não pode gerar lei alguma. Ainda assim, termina por ter efeitos danosos na própria lei do pai, como mostra os equívocos e desvios praticados por Atenas.

Outra evidência do fracasso da implantação da lei de Atena, segundo Jacobs, é a questão da virgindade das três irmãs Electra, Ifigênia e Crisótemis, fixadas nas relações endogâmicas com o irmão. O grande amor de Electra por Orestes não deixa margem para dúvidas quanto à conotação incestuosa, o que fica ainda mais plausível ao lado do fato de ele também não se casar. Assim, apesar de ter interrompido a cadeia de vinganças sangrentas entre as famílias com a instalação do tribunal, Atena não pode impedir a destruição da família pelo incesto e a endogamia – efeitos deletérios da incorporação da lei da mãe e da onipotência do falo.

Por esses motivos, ao contrário do que diz a interpretação clássica, segundo Jacobs, na Oresteia não há a consolidação da lei do pai e sim a escamoteação da lei da mãe, evidenciando as consequências terríveis do matricídio na família. Jacobs pensa que a última filha, Crisótemis, que praticamente não aparece na tragédia, poderia representar um toque de esperança – a referência a outra forma de relação mãe-filha, irmã-irmã, irmã-irmão, enfim, uma indicação para uma nova forma simbólica a reger as relações humanas.

Com tais formulações, Jacobs decretaria a claudicação simbólica de toda ordem patriarcal, na medida em que se revela parcial, negando uma importante dimensão da realidade humana: o poder criativo da mãe, a insistência na onipotência da partenogênese masculina, que narcisicamente quer prescindir do outro na geração de um filho. Seria isso – a fantasia da partenogênese, a inveja da capacidade geradora da mulher – a causa da loucura humana inabordável pela lei do pai?

Jacobs pensa que essa suposta "lei da mãe" daria origem a outra ordem simbólica, organizaria um imaginário diferente, não fálico, que daria conta, por exemplo, das questões ligadas à mulher, da relação da mulher consigo mesma, com a filha, com os homens, das práticas sexuais que se afastam da heterossexualidade. Aponta para a inexistência de estudos sobre a relação mãe-filha, no matricídio, equivalentes aos existentes sobre as relações pai-filho no parricídio. Jacobs critica também a forma como as relações primárias com a mãe são sempre vistas como perigosas e fusionais, indicadoras de psicose. Gostaria de postular a função materna como estruturante, que permitisse o estabelecimento de uma genealogia feminina e assim desenvolver uma sociabilidade, herança e transgeracionalidade entre mulheres.

De posse desses dados, retomemos o filme de Trier, que parece confirmar muitas das hipóteses que foram aqui levantadas sobre o ódio entre homem e mulher.

*Anticristo* trata de um casal – Ele e Ela – cujo filho pequeno morre em um acidente que ocorre enquanto os dois estão entregues ao gozo sexual. Isso desencadeia uma depressão na mãe, que é internada e medicada. Ele, que é terapeuta, assume a condução do caso da mulher, contrariando a opinião do psiquiatra que a trata. Usando técnicas de psicoterapia comportamental cognitiva, o marido explica para a mulher que ela está em processo de luto. O tratamento tem início na residência do casal, mas Ele acha necessário irem para a cabana que possuem na floresta. Ela estivera ali recentemente com o filho, recolhida para escrever uma tese acadêmica, centrada no tema do feminicídio, abordando a matança de mulheres na Idade Média, a queima de bruxas na fogueira.

Ao chegarem à cabana, as coisas começam a tomar um rumo diferente daquele previsto pelo marido. Ele mesmo começa a ter experiências inusitadas, como o encontro com uma fêmea de veado que tem um feto natimorto pendurado de sua genitália e com uma raposa que come as próprias vísceras e lhe diz "o caos reina". Lá descobre que desconhecia muitas coisas sobre sua mulher, como o fato de não ter ela concluído a tese à qual dedicara tanto tempo.

Ao lhe perguntar por que abandonara o trabalho acadêmico, Ela responde que começara pesquisando o feminicídio, as torturas sofridas pelas mulheres tidas como bruxas, mas desistira ao constatar a complexidade do tema. Concluíra que as mulheres eram de fato más e capazes de destruir os homens. O marido interpreta erroneamente que ela, em vez de criticar e se opor aos agressores das mulheres, como seria o objetivo de sua tese, havia se identificado com eles. Ele não se dá conta que Ela está identificada com as próprias bruxas, as mulheres vistas como más.

Na cabana, ele percebe indícios anteriores da desagregação mental da mulher. Encontra fotos do filho nas quais ele está sempre com os sapatos trocados. Isso esclarece um dado até então inexplicado que aparecera na autópsia da criança: uma anomalia óssea em seus pés, de causa desconhecida. Ele conclui que durante muito tempo Ela colocara deliberadamente os sapatos trocados nos pés do filho, com o intuito de lhe provocar uma deformidade.

Somente então Ele entende que Ela tem problemas muito mais sérios do que ele imaginara. Em vez da esperada reação de luto à perda real do filho – algo que julga compreensível, mensurável, descritível em termos de fases –, Ela já estava gravemente perturbada muito antes, mergulhada em um mundo delirante, identificada com feiticeiras malignas.

Sem ter mais a explicação lógica do luto pela perda do filho, Ele e Ela se deparam com o inconsciente freudiano, a loucura e seu mundo desconhecido e inexplicável em termos racionais, diante do qual os recursos advindos da teoria cognitivo-comportamental se revelam insuficientes.

Essas descobertas despertam nele arcaicas fantasias ligadas a uma mãe má, devoradora e persecutória, que ataca e destrói os filhos, tal como ela fizera concretamente com o filho, deixando-o morrer enquanto gozava ou antes deformando-lhe os pés ao trocar os seus sapatos. Instala-se então entre eles uma luta de vida e morte. Depois de atingi-lo nos genitais e mutilar os próprios órgãos sexuais, Ela tenta matá-lo. Ele consegue escapar e a mata, queimando seu corpo em uma grande fogueira, exatamente como ocorria com as bruxas na Idade Média.

Ao iniciar seu caminho de volta para a cidade, o homem é surpreendido pelos animais que encontrara ao chegar – entre os quais, a raposa –, bem como por uma multidão de mulheres, que descem pela montanha e passam por ele como fantasmas. Ele parece fundido com a natureza, como antes, em suas técnicas terapêuticas, sugerira que Ela fizesse. As imagens indicam que Ele, como havia antes ocorrido com Ela, havia sucumbido à psicose.

Embora o filme tenha uma grande riqueza de conteúdos interpretáveis, a começar pelo título (*Anticristo*) de ressonâncias religiosas e filosóficas (Nietzsche), detenho-me naquilo que me parece ser o ponto central: a infindável batalha entre os sexos, que remete às consequências das diferenças anatômicas entre os sexos, enfatizado no tema da tese da mulher – o feminicídio – e plenamente concretizado na relação do casal.

A destrutividade e a sexualidade são as duas forças em permanente conflito que movimentam o psiquismo. Essas pulsões eróticas e destrutivas são elaboradas e estruturadas em dois momentos cruciais: nas vivências narcísicas primárias com a mãe e, posteriormente, na configuração triangular edipiana. Para que esse processo chegue a bom termo, é imprescindível que o sujeito passe pela castração simbólica, que o faz sair da relação indiscriminada e fusional com a mãe e aceitar o outro, com suas diferenças, entre elas e de maior relevância, a diferença sexual. Cada sexo passa de forma especifica por esse processo.

No início do filme, vemos o homem em uma atitude superior de mestre e guia frente à mulher submetida, em depressão pela morte do filho, como se ele mesmo não estivesse passando pela mesma situação. Ele se mostra firme e seguro nessa posição, que ela contesta de forma débil e esporádica. Ele perde essa convicção ao perceber que desconhece fatos fundamentais que lhe foram omitidos pela esposa – a emergência da identificação com as mulheres más e perigosas (as bruxas que, na opinião dela, merecidamente foram perseguidas e eliminadas pelos homens que elas procuravam destruir), o abandono da tese, a forma com a qual ela torturara o filho por longo tempo a ponto de provocar uma deformidade óssea em seus pés – o que destrói por completo sua fantasia de ter um lugar de superioridade e poder em relação a Ela e o deixa em uma posição desamparada e vulnerável, exposto à fúria dela.

Se a nível consciente o homem se sente poderoso por ser o portador do falo, arrogantemente se diz possuidor de todo conhecimento a respeito da mulher, ao se deparar com a própria ignorância a respeito dela e ao descobrir as atrocidades que ela fizera com o filho, atualiza o terror arcaico que a mulher (mãe) lhe provoca.

Essa experiência o faz reencontrar os dois motivos inconscientes que o homem tem para temer a mulher e que então se concretizam. O mais recente em termos de desenvolvimento é o medo da inveja do pênis, que poderia levá-la a tentar se apossar de seu pênis ou de destruí-lo, como, de fato, Ela tenta.

Mais profundamente, Ele reencontra um medo mais arcaico que o da castração, o medo da aniquilação, da morte. Tal medo decorre de vivências precoces adquiridas pela criança no contato com uma mãe imaginada como não submetida à lei, detentora de um poder absoluto, arbitrário e imprevisível, ao qual ela (criança) está completamente exposta em seu desamparo. É uma imago aterrorizante da mãe, a mãe má, o seio mau de Melanie Klein, a mãe-bruxa, aquela que povoa o terrível "reino das mães" na acepção de Goethe no *Fausto*, expressão cuja pertinência não passou despercebida para Freud. Mais uma vez, o comportamento de Ela concretiza na realidade a fantasia arcaica do homem.

Trier mostra uma mãe efetivamente má, incapaz de ser "suficientemente boa", aquela que maltrata e mata os filhos. A mãe, tal como Trier a vê, encontra paralelos em Lady Macbeth, que diz que arrancaria de seu peito a boca de seu filho e o arremessaria contra uma pedra para seguir o homem que ama; ou Gertrudes, a mãe de Hamlet, que, como Clitemnestra, é cúmplice do assassinato do marido; ou Medeia, que não hesita em matar os filhos para se vingar do marido. Mães cuja maldade não decorre da projeção de fantasias agressivas, ciumentas ou invejosas dos filhos.

Lembremos que antes da deflagração dessa situação, Ele já tinha recebido alguns avisos, como ao encontrar a raposa que diz "o caos reina", abalando sua convicção de estar no comando de uma realidade organizada racionalmente, da qual pensava ter pleno controle. A raposa evocaria o caos da loucura que ronda o mundo da consciência, caos decorrente da falta de referências básicas estruturais como tempo e espaço, o que ocorre no "reino das mães", onde nem mesmo Mefistófeles ousava entrar, como diz para Fausto na obra homônima de Goethe: "Deusas reinam na mais perfeita solidão a seu redor não existe lugar, muito menos tempo para descrevê-las não teríamos palavras. São as Mães."[19]

As mães criam "na mais perfeita solidão", ou seja, sem a presença ou ajuda de um pai, fora do tempo e do espaço, em uma assustadora autossuficiência. É uma boa imagem para ilustrar o conceito lacaniano da ausência da lei paterna provocadora do caos da psicose. A imagem das mães oferecida por Goethe seria a versão feminina da fantasia

---

19 GOETHE *apud* MANGO, Edmundo Gomez. In: PONTALIS, J.-B. e MANGO, E. G. *Freud com os Escritores*. São Paulo: Três Estrelas, 2013, p.53.

onipotente de partenogênese descrita por Jacobs, a contraparte da versão masculina mostrada por Zeus ao incorporar Métis e negar sua necessária participação na concepção de Atena.

A enigmática cena final do filme poderia ser entendida como uma representação desse reino das mães e a impossibilidade de fugir do seu domínio. Vemos muitas mulheres na montanha onde Ele está depois de ter liquidado a mulher-mãe-bruxa. No entanto, é como se Ele não pudesse mais escapar de seu poder, do qual ele pensava ter se libertado, mas que retorna multiplicado. Não lhe restam mais saídas, está aprisionado no reino das Mães, da natureza, da violência e da loucura.

Essa seria a vertente masculina do conflito, que é a mais explícita no filme. Identificado com o filho morto, Ele vê a mulher como um ser perigoso e poderoso, uma mãe má, voltada para o próprio prazer, incapaz de acudir o filho, capaz de torturá-lo pelo simples prazer de fazê-lo, sem qualquer outra razão. Sabemos que pés tortos são atributos de Édipo. Ela, como toda mãe, "transforma" o filho em Édipo, e essa também é uma "maldade" da mãe – seduzir o filho e, ao contrário de Jocasta, negar-se sistematicamente a concretizar a sedução. Seria esta, como vimos, uma das causas do ódio do homem pela mulher.

Os ataques que os homens fazem às mulheres-mães decorrem do extraordinário poder que um dia elas exerceram e que lhes deixou marcas profundas enquanto filhos. Disso agora eles se vingam movidos pela inveja (Zeus, seio bom); pelo desprezo que elas lhes causam por serem castradas, ao mesmo tempo em que essa castração lhes provoca um horror inominável; por terem preterido o filho em relação ao amor pelo pai; por se identificarem com o pai traído, muito embora esse fosse, em outros momentos, o próprio rival odiado (Orestes, Hamlet).

Não deve ser esquecido que o ódio à mãe não decorre apenas da fantasia do bebê e da projeção de sua agressividade. Ele pode advir também dos efetivos maus-tratos por ela infligidos ao bebê (o seio mau encarnado), como é o caso mostrado por Trier.

Do lado feminino, vemos que Ela expressa uma problemática fálica ao atacar os genitais do marido e se mutilar, o que poderia ser entendido como uma derivação da inveja do pênis, uma tentativa de anular as diferenças entre os sexos, estabelecendo uma universal mutilação. Tomada de ódio, por se sentir castrada ou injustiçada pela antiga usurpação praticada por Zeus, Ela só tem gestos para a vingança e a destruição.

O impasse da mulher num mundo regido pelo falicismo poderia ser assim caracterizado: submeter-se ou rebelar-se frente às imagens de bruxa malévola ou de castrada invejosa que o imaginário fálico lhe oferece. Mas como não há leis e representação simbólica que amparem e expressem adequadamente sua indignação e sede de justiça, elas são confundidas com manifestações de loucura e desvario.

Dizendo de outra forma, a psicose não é prerrogativa de nenhum dos sexos, atinge igualmente homens e mulheres. Mas, no caso das mulheres, a impossibilidade de articular dentro da lógica fálica seu mal-estar seria um agravante precipitador de desequilíbrio mental.

Noutro nível, *Anticristo* mostra como o trauma (a morte do filho) desestrutura completamente o casal, que regride de uma relação mais estável para os modelos mais arcaicos e assustadores da relação com a mãe-bruxa, o que desencadeia o embate final.

Ao reatualizar em pleno século XXI o ritual medieval da queima de bruxas, Trier mostra a atemporalidade dos conflitos inconscientes que atormentam a humanidade, plasmando a sintomatologia individual, criando mitos e determinando estruturas sociais.

Mais ainda, em *Anticristo*, Trier defende Freud e a psicanálise de maneira implícita ao mostrar as limitações da terapia comportamental cognitiva frente à complexidade da mente humana. Algumas feministas entendem a teorização sobre o complexo de castração por parte de Freud como produto do imaginário masculino. Essa crítica não é de todo improcedente. Mesmo gênio, Freud era um homem de seu tempo. Mas, se bem compreendida, a teoria freudiana, que é fálica sim por reconhecer a importância central desse significante, não endossa a fantasia fálica e sim a interpreta, mostrando que a posse do falo é uma fantasia de completude onipotente narcísica permanentemente colocada em questão pela ameaça de castração. Se a mulher tem inveja do pênis, o homem tem a angústia de castração. A posse do pênis não garante a plenitude fálica, ou seja, a teoria fálica serve justamente para analisar a fantasia onipotente fálica.

A inegável e poderosa coesão da teoria analítica centrada no falo não deve impedir que se postulem novos regimes simbólicos, novos mitos que possam ampliar nossa compreensão do acontecer humano, especialmente no caso, da mulher e – eventualmente – de novas formas de exercer a sexualidade, sem ter de relegá-las à patologia.

Será que a famosa pergunta de Freud "o que querem as mulheres?", não é a uma evidência dos limites da lógica fálica? Teria ela elementos para responder essa questão? Não necessitamos de outros parâmetros para tanto?

# 18. *Ele não está tão a fim de você* (*He's just not that into you*, 2009), de Ken Kwapis[1]

Estar ou não a fim – algumas ideias sobre o sexo na cidade *Sex and the City*, de Candace Bushnell, e *Bridget Jones*, de Helen Fielding, são expoentes do "*chick lit*" ("literatura das garotas"), gênero literário criado pelo mercado editorial dos Estados Unidos. Supostamente tal gênero aborda a problemática da mulher pós-feminista, não mais lutando por sua liberdade sexual ou pela igualdade de direitos frente aos homens, mas usufruindo dos ganhos da conquista e pagando seus ônus. O problema é que os dois exemplos acima de "*chick lit*" banalizam e diminuem as vitórias do feminismo, reduzindo-as a uma troca inconsequente de parceiros amorosos e a um frenesi pelo consumo de alto luxo. No universo ali descrito, todo mundo é rico, se veste na última moda e mora em lugares muito bem decorados. Paradoxalmente, ao mostrar as mulheres como românticas cujo único objetivo na vida é encontrar um bom partido, a "*chick lit*" termina por reforçar estereótipos contra os quais o próprio feminismo tanto lutou. Não é difícil ver, debaixo das sandálias Manolo Blahnick e das

1 Publicado no suplemento Cultura do jornal O Estado de São Paulo, em 12/04/2009

bolsas Louis Vuitton, as mesmas jovens sonhadoras que povoavam os livros de M. Delly.

É esse cenário que vamos encontrar no filme *Ele não está tão a fim de você* de 2009, dirigido Ken Kwapis e com um estrelado elenco (Ben Affleck, Jennifer Aniston, Drew Barrymore, Jennifer Connelly e Scarlett Johansson). O filme se baseia em um livro que vendeu dois milhões de exemplares nos Estados Unidos, escrito Greg Behrendt e Liz Tuccillo, roteiristas do *Sex and the City*, o seriado de televisão baseado no *best-seller* de Candace Bushnell.

Tendo como eixo central as desventuras de Gigi, uma empedernida ingênua às voltas com o enganoso mundo dos homens, perpassam no enredo alguns casais com diferentes problemas amorosos. Preocupadas em atrelar sua sexualidade ao casamento, as mulheres são doces, adoráveis e vítimas dos homens, quase todos empenhados em seduzir e abandonar – com as exceções que confirmam a regra.

Vê-se que atrás da aparência moderninha que procura ostentar ao tratar da condição da mulher e dos relacionamentos amorosos nos dias de hoje, o filme se revela convencional e conservador. A própria heroína, a inacreditável Gigi, parece ter saído direto de algum volume da antiga *Biblioteca das Moças*.

As decorrências da liberdade sexual e da liberação da mulher, observadas nas grandes metrópoles ocidentais, parecem muito mais bem retratadas no excelente *Closer* (2004), dirigido por Mike Nichols, baseado na peça premiada de Patrick Marber, com Natalie Portman, Julia Roberts, Jude Law e Clive Owen.

O que *Closer* – cujos personagens não poderiam ser mais *cool* – mostra é que a liberdade sexual, a ausência de entraves religiosos e preconceitos sociais não eliminam os "antigos" conceitos de traição ou desilusão amorosa. Na verdade, poderíamos acrescentar, eles estarão sempre presentes, pois na medida em que se ama, é impossível não correr os riscos da perda da pessoa amada e seus desdobramentos em termos de sofrimento.

Assim, *Closer* parece dizer que a pós-modernidade não nos isenta das dores do amor. O que ela faz é facilitar as defesas contra essas dores, possibilitando, em função da liberdade sexual e do *ethos* narcisista que impregna atualmente a cultura, a prática do sexo casual.

Ao ver *Closer*, entendemos que sexo casual ou o "estar afim" são práticas que satisfazem basicamente ao narcisismo de cada um dos envolvidos. É como uma masturbação a dois. Não tem nada a ver com um relacionamento amoroso, pois este implica uma superação do narcisismo, o estabelecimento de uma relação objetal, a construção de um vínculo afetivo, a temeridade de lançar-se no voo cego de uma entrega confiante no outro, sem nada a garantir o sucesso da empreitada.

*Ele não está tão a fim de você* e *Closer* se inscrevem em diferentes registros. O primeiro é focado no entretenimento, o segundo é uma obra de arte. O entretenimento pretende primordialmente divertir e, para tanto, evita abordar a dimensão trágica da vida. Uma posição radicalmente diferente da arte, que não se recusa a integrar em seu interior todas as contingências da existência humana, inclusive seu inevitável caminhar para a morte, ao mesmo tempo em que oferece o prazer estético, que ameniza e torna mais palatável seu forte conteúdo.

Outra característica do entretenimento é o uso abundante de clichês e estereótipos, que proporcionam ao grande público um tranquilizador sentimento de reconhecimento e familiaridade com o que lhe é apresentado. Mais uma vez, situação bem diferente daquela proposta pela criação artística, com sua preferência pelo inusitado, pelo inédito, pelo desafio do novo.

É verdade que mesmo bons artistas, como Woody Allen, vez por outra apelam ao chavão para garantir uma boa bilheteria. É o que acontece em *Vicky, Cristine, Barcelona* (2008). Em um ininterrupto desfile de lugares-comuns, duas jovens norte-americanas vão passar uma temporada de férias em Barcelona, na casa de um rico compatriota. Envolvem-se numa série de imbróglios amorosos e tudo se acaba com o verão, quando as duas voltam para seu país, "enriquecidas" com suas novas experiências. No enredo há os "artistas" e os "burgueses". Há os "espanhóis", com seu sangue latino *caliente*, e há os anglófonos (americanos e ingleses), que são comedidos, sofisticados e irônicos. Os "artistas" têm um temperamento excessivamente "artístico", criando "obras de arte" a todo instante. Penélope Cruz, em um papel que lhe deu o Oscar como a pintora genial e geniosa, explosiva e imprevisível, é a própria encarnação da "artista" e, além do mais, "espanhola". Os ricos "burgueses", como era de se esperar, nada mais fazem que langorosamente lutar contra o tédio, em meio a festas, drinks, iates e pequenas intrigas.

Abordada de forma leve e estereotipada ou com a complexidade que ela exige, o fato é que a eterna luta entre os sexos é um tema da maior importância, abordado anteriormente por inúmeros cineastas. Para citar alguns, lembramos Bergman, especialmente em *Cenas de um Casamento* (1974) e seu dilacerante epílogo, *Sarabanda* (2003); Ridley Scott em *Thelma e Louise* (1991), um dos mais pungentes filmes sobre os impasses da condição feminina em nossos tempos; e Almodóvar em *Volver* (2006), no qual disfarçado no tom de comédia, transparece a visão trágica de dois mundos fechados – o masculino e o feminino – que ao se aproximarem, não produzem o amor e a criação, e sim o incesto, a violência, o assassinato.

"Anatomia é o destino",[2] disse Freud, e com isso apontava para o fato de ser a diferença anatômica entre os sexos um referencial

2 Freud, S. As consequências psíquicas da distinção anatómica entre os sexos – vol. 19 – Standard Edition – Imago, Rio, 1976, p 222

incontornável na realidade humana, estabelecendo lugares e papéis específicos culturalmente determinados.

O embate entre homens e mulheres, no qual cada sexo usa de suas armas e estratagemas, torna feições diversas em função do tempo e do lugar na história. É inegável que, durante séculos e na maioria das culturas, o falicismo prevaleceu, fazendo com que as mulheres fossem submetidas ao poder dos homens. E assim ainda ocorre com vastas parcelas da população mundial.

Somente com Freud foi possível obter uma compreensão mais acurada dos aspectos mais profundos e inconscientes do falo e da castração, e de seus efeitos na organização dos grupos humanos. É irônico que o feminismo, que tanto deve a Freud, tenha-se voltado, num determinado momento, contra a psicanálise, ignorando ter sido ela o que tomou possível entender o caráter fantasmático que sustentava (e ainda sustenta) a pretendida superioridade masculina sobre as mulheres.

# 19. *A Janela* (*La Ventana*, 2008), de Carlos Sorín Na janela de Sorin, o panorama atual da paternidade[1]

O diretor argentino Carlos Sorín diz que seu filme *A Janela* deve muito a *Morangos Silvestres*, de Ingmar Bergman. De fato, ambos abordam a velhice e a iminência da morte, ao mesmo tempo em que refletem sobre a difícil relação entre pai e filho.

Mas se *Morangos Silvestres*, com seu enredo complexo e personagens de grande densidade psicológica, é um rico banquete, o que *A Janela* oferece é uma refeição magra e frugal, da qual saímos insatisfeitos, e não saciados.

Em *A Janela*, pouco se sabe dos personagens. Um velho escritor, Dom Antonio, vive isolado em sua fazenda, cuidado por duas empregadas. Ele está muito doente e por ordens médicas deve ater-se ao leito. Espera a chegada do filho, pianista internacionalmente famoso, que não vê há décadas, em função de um obscuro desentendimento. Considerando a visita do filho, o velho manda afinar o piano há muito abandonado. O afinador encontra soldadinhos de chumbo enfiados entre suas cordas, o que impedia o som de

1 Publicado no suplemento Cultura do jornal O Estado de São Paulo, em 17/5/2009.

determinadas teclas. Seria uma indicação da antiga belicosidade vivida entre o pai e o filho que emudecera não só o piano, mas a própria comunicação entre eles?

O filho então, chega com a mulher, o pai brinda com um champanhe guardado para o grande evento e morre imediatamente em seguida, sem que os dois tenham oportunidade para qualquer aproximação.

O reencontro, cercado de cuidadosos preparativos por parte do pai, termina por não acontecer. Assim como o piano zelosamente afinado permanecerá em silêncio, os personagens não puderam tocar em suas emoções guardadas por tanto tempo. O expectador também se preparara para o encontro do pai com o filho, na expectativa de entender o motivo da separação e se emocionar com a anunciada reaproximação. Tal como os personagens, o espectador tem de se contentar com a impossibilidade, o vazio, o vácuo.

Ao deliberadamente fazer um filme frustrante, que provoca no expectador uma vivência de insatisfação e incompletude, Sorín, de certa forma, transcende a história que conta e a transforma diretamente numa grande metáfora do vazio em torno do qual, segundo Lacan, se organiza nosso psiquismo, o vazio gerador do desejo humano, que busca sem cessar algo inalcançável, para sempre perdido.

Esse salto realizado por Sorín não anula o interesse no enredo nem nos impede de nele detectar algumas pistas sobre os personagens e suas desavenças. Ao intitular seu filme *A Janela*, Sorín sublinha uma atitude enigmática de Dom Antonio. Em meio aos arranjos para a chegada do filho, de forma inopinada, ele abandona seu leito de enfermo, seu posto à janela e sai pela porta da casa, embrenhando-se no amplo espaço exterior, no qual sua debilidade física se manifesta com toda intensidade.

Por que desobedeceria às ordens médicas? Estaria apressando a própria morte, evitando assim encontrar o filho e os velhos conflitos?

Ou, pelo contrário, estimulado por sua vinda, nega de forma onipotente a gravidade de sua condição e tenta retornar a plenitude da vida? Seria tudo isso fruto de sua ambivalência frente ao filho?

Por sua vez, ao chegar, o filho parece indiferente e distante, diz pouco se lembrar da casa. Entretanto, ao encontrar os soldadinhos de chumbo em cima do piano, de forma furtiva os guarda no bolso do paletó, como se os escondesse, reprimindo antigas lembranças.

Uma das poucas informações que temos sobre Dom Antonio é fornecida por um sonho que ele relata logo no início e que retoma no final do filme.

O sonho revive um episódio de sua mais remota infância. Vê a mãe colocá-lo na cama para dormir e sair, atendendo ao chamado do pai, que a leva para a festa que se desenrola no andar de baixo. Em seu lugar, a mãe deixa uma bela jovem a velar por seu sono. A cena evoca o início de *Em busca do tempo perdido* de Proust – o beijo noturno com o qual a mãe de Marcel o punha na cama, sua angústia ciumenta de perdê-la para o pai e para os convidados que a esperavam em outras dependências da casa.

A lembrança de momentos arcaicos por meio do sonho – que ocorre também em *Morangos Silvestres* – aponta para a atemporalidade do inconsciente. Mesmo em pessoas da mais avançada idade, persistem as imagens e as fantasias infantis, passíveis de serem reativadas ao sabor das associações psíquicas e eventos da realidade.

Tal sonho é um prenúncio de sua morte e lembra a interpretação que Freud faz de *Rei Lear*, quando entende que a escolha de Cordélia como a predileta entre as três filhas remeteria à terceira e última forma que toma, no correr de sua vida, a relação do homem com a mulher. A primeira é com a mãe, a segunda com a mulher que ama e que a substitui e a terceira é com a morte, esta "mãe" que mais uma vez vai abrigá-lo no "útero-terra" onde será sepultado.

Assim, se, por um lado, o sonho de Dom Antonio é uma representação do final da vida e do inevitável encontro com a morte, por outro, podemos relacioná-lo com o inexplicado conflito com o filho. É notável que ele relate tal sonho na iminência de reencontrá-lo. E neste momento, aponta o sonho, ele não se vê como um pai que recebe um filho e sim como um filho às voltas com a situação edipiana, a disputar com o pai a posse da mãe.

Indicaria o sonho fortes traços infantis de Dom Antonio que o teriam impedido de exercer a função paterna? Teria isso impossibilitado a relação pai-filho? Seria esse o motivo do rompimento entre os dois?

Pressupondo que a estrutura narrativa tem uma coesão interna, esta é uma possível explicação do porquê Sorín, num roteiro tão enxuto, abre um amplo espaço para o sonho do personagem e o constrói com as características mencionadas.

Assim, *A Janela* mostraria o final melancólico de um homem cujas fixações infantis teriam impedido uma boa relação com seu filho, algo que tenta reparar e no que é impedido por sua própria ambivalência. Afinal, sua morte parece ter sido precipitada por ele mesmo, ao desobedecer às ordens médicas.

A dificuldade no exercício da função paterna é um achado frequente na clínica psicanalítica atual. É comum constatarmos a relutância de homens adultos em abandonar as posições narcísicas de filhos protegidos e assumir as responsabilidades e exigências próprias à paternidade. Ao constituírem família, tais homens se comportam como filhos de suas mulheres e irmãos de seus próprios filhos.

De forma muito mais direta do que essa que rastreamos em *A Janela*, tais configurações podem ser examinadas em outros filmes, como *Uma babá quase perfeita* (*Mrs. Doubtfire*, 1993), de Chris Columbus, e *Pecados íntimos* (*Little Children*, 2006), de Todd Field.

Em um registro cômico e desabusado, Homer Simpson, de *Os Simpsons*, e Peter Griffin de, *Uma família da Pesada* (*Family Guy*), ilustram à perfeição este problema. Tais personagens jamais ocupam o lugar do pai. Quando muito, são os filhos mais velhos e irresponsáveis da casa, delegando a Marge e Lois, suas mulheres, os encargos da vida familiar. O extraordinário sucesso que fazem na televisão estes seriados de animação para adultos é um bom indicador do quanto eles representam e simbolizam este sintoma social concernente à forma como a paternidade é exercida nestes tempos regidos pelo narcisismo.

Em *Happiness* (1998), de Todd Solondz, esta situação adquire uma chocante radicalidade: um pai confessa ao filho de dez anos ter sodomizado o coleguinha dele que viera passar o final de semana em casa. Numa inversão completa, o pai se comporta como uma criança, pedindo socorro ao filho, colocado no lugar de pai. Há uma distância incomensurável entre Homer Simpson ou o pai mostrado por Solondz e o fantasma do pai de Hamlet (*Hamlet*, 1992, de Franco Zefirelli), poderosa figura que vem assombrar o filho e dele exigir o cumprimento de uma vingança.

# 20. *Pecados Inocentes* (*Savage Grace*, 2007), de Tom Kalin

Baseado no livro homônimo de Natalie Robins e Steven L. M. Aronson, roteirizado por Howard A. Rodman, o filme *Pecados Inocentes*, de Tom Kalin (2007), conta a história real dos herdeiros Baekeland.

Leo Baekeland foi o químico belga que, após imigrar para os Estados Unidos, inventou o papel fotográfico e a baquelita, o primeiro dos plásticos. Ambas as invenções o deixaram multimilionário. Seu neto Brooks Baekeland se casa com a instável beldade Barbara Daly, proveniente de uma família de parcos recursos materiais e emocionais. O pai de Barbara se suicidara e sua mãe – que a instruíra para caçar e casar com um homem rico – também era sujeita a surtos psicóticos. Brooks trata Barbara de forma superior e condescendente, quando não a humilha e desqualifica abertamente, o que provoca por parte dela vinganças violentas e escandalosas. É desse casal que nasce Anthony, o filho único.

Usufruindo da herança do avô de Brooks, o casal vive nos Estados Unidos e faz longas temporadas no velho continente, frequentando a alta sociedade norte-americana e a aristocracia europeia. Brooks não para de idealizar o avô, ao mesmo tempo em que avilta o pai, a quem se refere como o "crápula" que teria passado a vida esbanjando a herança. Barbara tenta vencer sua insegurança social, em meio a explosivas descargas emocionais que afastam os amigos. Brooks e Bárbara estão empenhados numa guerra ininterrupta e o filho Antony ora é abandonado por ambos, ora recebe uma atenção excessiva por parte de Barbara, que o faz cúmplice de suas escaramuças contra o marido.

A conduta excêntrica dos pais logo se reflete no filho, que ostensivamente lhes exibe condutas homossexuais desde muito cedo. Na adolescência, tenta aproximar-se de uma namorada, mas o pai a seduz e com ela foge, abandonando definitivamente mulher e filho.

Essa separação tem amplos efeitos sobre ambos. Barbara tenta vencer a humilhação e a vergonha envolvendo-se com Sam, um bissexual que supostamente poderia ajudá-la numa improvável carreira de pintora. Sua relação com Sam possibilita um bizarro *ménage à trois* com o filho, que passa a compartilhar a cama do casal.

Antony, por sua vez, procura se aproximar do pai, mas o faz de forma canhestra e encontra pouca ou nenhuma receptividade por parte dele. Após mostrar uma tolerância ilimitada com todas as atitudes do filho, Barbara passa a censurar-lhe as amizades homossexuais e a tentar fazer dele um "homem". Como forma de voltar seu interesse sexual para as mulheres, resolve ter – ela mesma – relações sexuais com o filho, plano que leva a cabo.

É a gota d'água que desencadeia a loucura de Antony, que progredira lentamente no correr dos anos, levando-o a matá-la com uma faca de cozinha e depois se entregar aos policiais. Nos créditos, tomamos ciência de que Tony ficou preso alguns anos e, ao ter sua pena suspensa, foi morar com a avó materna. Logo a esfaqueia várias vezes, mas ela escapa com vida. É então internado definitivamente num hospital psiquiátrico, onde se suicida tempos depois.

O filme mostra com clareza os efeitos da falta da lei paterna. O pai distante, ausente, é incapaz de cortar o vínculo entre mãe e filho.

Na medida em que o pai não exerce sua função, fica escancarada a porta para a indiscriminação e a concretização do incesto sob várias formas. Ele mesmo, o pai, toma a namorada do filho e deixa que este "roube" sua mulher. A mãe, por sua vez, ativamente proporciona a concretização do incesto, episódio final numa sequência de comportamentos promíscuos com o filho.

Previsivelmente, tal situação desencadeia a psicose em Antony. O roteirista mostra uma sugestiva imagem para simbolizar o processo de desagregação psicótica de Antony. Como foi dito, a partir de certo momento, Bárbara se dá conta da regressão e infantilidade do filho, de como ele está distante da autonomia adulta e, com sua habitual onipotência, decide resolver a situação, sem se dar conta de que, em grande parte, é por ela responsável.

Vivendo sempre numa situação caótica e nômade, acompanhando os pais em suas andanças e viagens, Antony guardava cuidadosamente desde a infância a coleira de um querido cão que morrera. É evidente a forte conotação simbólica da coleira para Antony. Representaria o desejo de ter uma ligação firme e estável, um estar preso a algo (alguém) que lhe proporcionasse segurança e sentimento de pertencimento, de não estar sozinho, de fazer parte de algo maior. Simbolizaria sua ânsia por se sentir querido e desejado como sujeito e não como um apêndice narcísico do outro (mãe). Ao mesmo tempo, poderia significar submissão e aprisionamento ao desejo da mãe, o se sentir seu cãozinho, um brinquedo de estimação, não reconhecido em sua condição de sujeito. Por ser algo que retém, prende, contém, a coleira poderia representar aquele núcleo de subjetividade que possibilita a própria coesão interna, aquilo que impede a desagregação psíquica.

Ignorando tudo isso e acreditando que ajudaria Antony a crescer, Barbara esconde a coleira e pretende devolver-lhe a virilidade praticando o incesto. São duas atuações catastróficas. Barbara não vê que o infantilismo emocional de Antony em grande parte decorre de sua própria relação fusional e incestuosa para com ele e que a concretização do incesto, em vez de proporcionar-lhe a autonomia e a virilidade desejadas, as impossibilitaria de forma definitiva. Ao roubar-lhe a coleira, Barbara retira de Antony qualquer apoio simbólico com o qual ele pudesse mediar sua relação real com ela. Ao matá-la, Antony tenta se separar, se desentranhar da fusão com a mãe, numa impossível tentativa de adquirir sua condição de sujeito desejante.

# 21. *Saraband* (2003), de Ingmar Bergman: a derradeira dança de Bergman[1]

Talvez seja apenas uma fantasia, mas é comum ver com olhos especiais a última obra de um artista, imaginando nela encontrar uma espécie de súmula que expressa, de forma cabal, sua concepção de mundo, a forma com vê os homens e as coisas.

Ingmar Bergman é um gigante da sétima arte, um dos criadores da própria linguagem cinematográfica. Suas histórias mergulham fundo nos grandes dilemas existenciais e a maneira como constrói seus personagens mostra intimidade com a dinâmica inconsciente do psiquismo.

É difícil ver *Saraband*, seu último filme, sem a expectativa acima mencionada e a primeira impressão é a de que Bergman teria deixado um legado sombrio e desesperançado. *Saraband* (feito para a televisão em 2003 e tido como o epílogo da série *Cenas de um casamento*, de 1973) parece apontar para a inviabilidade das relações humanas, todas elas regidas pelo ódio e fadadas a uma inescapável destrutividade.

O filme começa e termina com Marianne (Liv Ullman), cercada de fotos, falando de sua vida diretamente para o espectador. Ela está

---

1 Publicado no Caderno 2 do jornal *O Estado de São Paulo*, em 11/06/2012.

sozinha, não tem contato com as duas filhas (uma é doente mental e vive num hospital psiquiátrico, a outra mora na Austrália); não viu por mais de trinta anos o ex-marido Johan (Erland Josephson), a quem um dia resolve visitar, obedecendo a um inesperado impulso. Ao chegar em sua distante casa, Marianne testemunha o violento relacionamento de Johan com o fracassado filho músico Henrik, cuja mulher Anna, benquista por todos, havia falecido pouco tempo antes. Desesperado, Henrik se apega à própria filha Karin, talentosa violoncelista, estabelecendo um vínculo incestuoso que a impede de seguir vida independente. Ao voltar desta temporada no inferno, Marianne visita a filha catatônica e sente que, pela primeira vez, pode aproximar-se afetivamente dela.

Uma grande obra de arte não se entrega de imediato. Ela fica marinando na mente e aos poucos vai liberando conteúdos fundamentais que antes não havíamos atentado, fazendo com que a impressão inicial se modifique e sua real dimensão finalmente apareça. Assim ocorre com *Saraband*. É somente num segundo momento que percebemos a grandeza de Marianne, que, com sua atitude compassiva, supera a crueldade, o desespero e nihilismo que procuram dominar a cena. Ela não se deixa abater pela amargura, pela descrença. Com o amor e uma tácita aceitação da vida, age como um cimento a ligar Johan e Henrik, duros e envenenados tijolos. Lugar semelhante ocupa a figura de Anna, que todos lembram com carinho.

Impactados com a estridência da agressividade, não tínhamos notado o silencioso trabalho de Marianne, que junto com Anna, resgata o testamento de Bergman, devolvendo-lhe a dimensão humanística, a esperança e a confiança na vida.

Estaria com isso afirmando que a arte deve veicular uma moral positiva? Essa questão instiga muitas questões e diz respeito às relações entre ética e estética. De qualquer forma, penso que o artista sabe na própria carne que o ato de criar, que lhe é inerente, é um gesto amoroso decorrente de Eros e se opõe frontalmente à destruição imposta por Tânatos.

# 22. *A Secretária* (*Secretary*, 2002), de Steven Shainberg

Merecidamente o filme de Shainberg, que aborda de forma pouco convencional um relacionamento sadomasoquista, ganhou o prêmio de roteiro mais original do Sundance Festival e a atriz Maggie Gyllenhaal recebeu indicações para o prêmio de melhor atriz.

Inusitada, a cena inicial surpreende e instiga a curiosidade do espectador. Lee, manietada num instrumento de práticas sadomasoquistas, procura exercer com naturalidade suas funções de secretária. Um *flashback* faz a ação retroceder seis meses, quando a vemos saindo de uma internação psiquiátrica e voltando para a casa dos pais no dia do casamento de sua irmã "normal". Somos então apresentados à sua família disfuncional, o pai é alcoólatra e agride fisicamente a mãe que por sua vez é dependente e insegura. Presenciar tais ocorrências desencadeia em Lee a compulsão para se ferir, queimar, cortar. Seu hábito masoquista se assemelha à fantasia bissexual da histérica descrita por Freud, cujo sintoma consistia em levantar a saia com uma mão (revelando uma identificação masculina com o homem que quer despi-la) e com a outra mão baixar a saia (identificação feminina com a mulher que defende seu pudor). Quando se queima ou se corta, Lee está identificada com o pai que inflige dor à mãe, ao mesmo tempo em que mostra a identificação com a mãe que sofre a dor, situação que pode remeter a fantasias mais arcaicas ligadas à cena primária, que confunde violência e sexualidade.

Visando sair do ambiente tóxico familiar, Lee busca emprego e encontra um como secretária de um advogado. Chegando ao escritório, encontra-o em grande desordem e a antiga secretária saindo aos prantos. O lugar é estranho, soturno, não parece um ambiente de trabalho. O advogado Gray age de modo peculiar. Frio e distante, na entrevista de admissão faz perguntas pessoais inesperadas e inadequadas para Lee, tais como se ela já ganhou concursos, se está grávida, se pretende engravidar, se é casada, se mora sozinha. Aos poucos, Gray passa a fazer exigências descabidas e críticas severas aos pequenos deslizes de Lee. Após surpreendê-la no ato de se cortar, censura seu comportamento infantil, sua dependência excessiva da mãe, sua forma inadequada de falar e se vestir, exigindo que ela mude sua conduta e se apresente não mais como uma colegial desajeitada e sim como uma mulher adulta sexualizada. Enciumado ao encontrar Lee com seu antigo namorado de colégio, Gray toma coragem em seus avanços e a espanca nas nádegas, atitude que inicialmente a surpreende e assusta, mas que lhe propicia a descoberta do erotismo masoquista, que até então se manifestava apenas de forma disfarçada no ato de se ferir.

Os atos sádicos de Gray lhe geram muito conflito, ele se angustia antes e se culpa depois de exercê-los. Faz continuamente exercícios físicos, com o objetivo aparente de controlar as compulsões que o impele a tais condutas.

Fica então claro o porquê, junto à placa do escritório situada na rua com o nome do advogado, existe uma outra, menor, na qual se lê "precisa-se secretária". A permanência dessa segunda placa faz supor que ali a troca de secretárias não é um acontecimento esporádico, mas algo frequente, sistemático. O insólito escritório de

Gray, no qual cultiva flores raras (a foto polaroid de Lee é colocada na sua estufa de plantas), é como um laboratório no qual faz experiências, procurando mulheres especiais que aceitem e satisfaçam as características de seu erotismo ou mesmo uma armadilha para capturá-las, empreendimento no qual não é bem-sucedido, a deduzir pela demanda permanente de secretárias anunciada pela placa. A função do escritório como armadilha para capturar mulheres se reflete na atitude curiosa de Gray, que espalha ratoeiras pela casa e solta no quintal os ratos aprisionados.

Gray percebe que Lee é a mulher que procura. Ao contrário das outras secretárias, que rejeitam sua abordagem sádica e abandonam o emprego, Lee a aceita e goza com ela. Essa percepção provoca em Gray sentimentos ambíguos. Sente que gosta dela, o que o deixa assustado. Sabendo que ela o ama e tem prazer na posição masoquista, Gray teme se envolver afetivamente com ela e a despede de supetão, alegando que ela não o obedece adequadamente.

Lee procura acompanhantes sádicos em anúncios classificados, mas o comportamento bizarro deles a deixa indiferente. Ela se volta então para o antigo namorado que a pede em casamento. Ao experimentar o vestido de noiva da mãe do rapaz, entende que não poderia dar prosseguimento ao compromisso. Deixa a aliança e corre de volta para Gray, encontrando-o em meio às costumeiras flexões abdominais, indício da sedução de mais uma secretária. Ela lhe declara seu amor. Gray diz não acreditar, mas ordena que ela fique sentada na escrivaninha mantendo as mãos numa determinada posição e o aguarde até sua volta. Gray sai da casa, liga para o namorado dela e fica observando pela janela as tentativas que ele faz para reatar a relação, alegrando-se ao ver que ela o rejeita e cumpre à risca as ordens que recebera dele. Lee leva às últimas consequências as ordens de Gray, impedindo-se de sair da escrivaninha até mesmo para ir ao banheiro, obrigando-se a aliviar-se ali mesmo. Não dá ouvidos a todos que vão tentar demovê-la de seu inusitado comportamento, que chama a atenção da mídia. A televisão vai entrevistá-la sobre sua "greve de fome".

Essa situação configura a exigência sádica mais radical feita por Gray, que Lee responde com a submissão masoquista mais extremada. Mas é também uma indubitável prova de amor, com a qual Lee afirma que para ela o desejo de Gray está acima de tudo e de todos. Dessa forma, ela mostra ter entendido a pergunta inicial que ele lhe fizera ("Você está grávida, pretende ter filho?"), como a expressão de um temor dele de que um filho poderia ameaçar o lugar prioritário que ele reivindicava para si.

Lee se mantem firme e está no limite de suas forças quando Gray aparece e a resgata, levando-a para casa, onde a banha de forma carinhosa. Posteriormente vemos que os dois se casam e moram nos subúrbios, mas continuam com suas práticas sadomasoquistas: quando finalmente ocorre a primeira relação sexual, ela está acorrentada a um tronco de árvore; noutro momento Lee coloca uma barata entre os lençóis e travesseiros dispostos de forma obsessiva por Gray, o que é uma maneira de provocá-lo sadicamente, dando seguimento de forma invertida ao jogo iniciado no escritório.

O filme termina com Lee olhando direta e enigmaticamente para o expectador.

*A Secretária* mostra aspectos do masoquismo erótico feminino e do sadismo masculino. O filme segue a estrutura narrativa convencional da comédia romântica, na qual a personagem feminina desabrocha da imaturidade para a vida adulta e amorosa. Shainberg perverte a fórmula, na medida em que o amor em questão se afasta dos padrões habituais.

Outro filme que aborda o sadomasoquismo lançado recentemente teve grande alcance popular, o *Cinquenta Tons de Cinza*. Esses filmes servem de testemunhas de uma mudança de perspectiva em relação a esta e outras formas não convencionais de sexualidade.

Antes rejeitados e marginalizados, os praticantes dessas modalidades sexuais se organizaram em movimentos diversos sob a sigla LGBTQIA+, exercendo, especialmente no mundo ocidental, uma agenda política definida e atuante, pleiteando, entre outras reivindicações, que lhes fossem retirados os rótulos patológicos que lhes eram pespegados.

Segundo Walters, militantes pelos direitos LGBTQIA+[1] pensam que há três formas de tratar as diversas variantes da sexualidade: a patologização, própria do discurso médico por eles combatido; a normatização, que procura assimilar à corrente dominante as práticas divergentes, descaracterizando-as; a aceitação da diferença e da alteridade, o respeitá-la como tal, sem pretender patologizá-la ou normatizá-la.

Talvez para essa linha de pensamento, filmes como *A Secretária* ou *Cinquenta Tons de Cinza* seriam considerados como tentativas de normatizar o sadomasoquismo, fazendo com que desapareça sua conotação disruptiva que, na opinião de Foucault[2] abre-se para uma nova "erotização do corpo" focada numa "dessexualização do prazer".

Patologizar, normatizar, respeitar a alteridade da diversidade sexual – de que modo se posiciona a psicanálise frente a tudo isso? São questões em aberto que necessitam maiores estudos.

Será que a aplicação na clínica da matriz teórica da castração e do Édipo leva necessariamente a um viés normativo, que preconiza a maturidade heterossexual reprodutiva, como sustenta a *Queer Theory*?

Derrida propõe uma desconstrução do falologocentrismo[3] que impregna toda a cultura e, consequentemente, a psicanálise. Isso

1 WALTERS, Caroline J. *Discourse of Heterosexual Female Masochism and Submission from 1880 to Present Day*. Disponível em: https://ore.exeter.ac.uk/repository/handle/10036/3597. Acesso em 25/08/2015.

2 FOUCAULT M. *apud* WALTERS, *ibid*.

3 https://es.wikipedia.org!wiki/Falologocentrismo

possibilitaria uma abordagem mais apropriada da feminilidade e das sexualidades não marcadas pela castração simbólica. Um desdobramento dessa questão seria a proposta de Amber Jacobs[4] que postula a necessidade de novos sistemas simbólicos além do fálico, que se apoiariam não mais exclusivamente no parricídio de Édipo e incluiria o matricídio de Orestes.

Talvez por estarmos imbuídos há tanto no falocentrismo somos levados a atribuir uma gravidade maior aos sintomas ligados a identidade sexual ou de gênero, do que àqueles que se expressam numa área não sexual. Por exemplo, se um homem está identificado com a mãe de tal forma que isso termina por definir sua homossexualidade, essa condição tende a ser considerada mais séria do que a de um outro, heterossexual, que está identificado com o pai a ponto de repetir compulsivamente o comportamento doentio daquele, com resultados desastrosos em sua vida. Ambos apresentam importantes questões identitárias, que, num caso incidem na identidade de gênero, no outro não. Atribuir maior gravidade ao primeiro caso não decorreria de preconceitos falocêntricos não reconhecidos?

Poderíamos fazer um raciocínio semelhante ao comparar sadomasoquismo e neurose obsessiva. No primeiro quadro, tem-se um sujeito torturando sexualmente um outro, dentro de um contrato de consentimento mútuo; no segundo, observa-se o superego a torturar sadicamente o ego masoquista. Atribuir gravidade patológica maior ao sadomasoquismo que à neurose obsessiva seria preconceito contra o sintoma de ordem sexual? Robert Stoller dizia que até mesmo os psicanalistas ficam chocados quando têm de lidar com a sexualidade, com sintomas na esfera sexual.[5]

---

4 JACOBS, Amber. *Ibid*. Ver p. 99.

5 STOLLER, Robert. *Pain and Passion: A Psychoanalyst explores the World of Sadomasochism*. New York: Plenum Press, 1991.

Uma problemática na identidade de gênero não invalida necessariamente os recursos e as capacitações intelectuais e afetivas do sujeito, não indica uma infantilização impeditiva e incapacitante, como mostram os feitos na arte, na ciência e na política de muitos sujeitos cuja sexualidade não seguia os ditames da "normalidade".

Hoje a questão mais premente se coloca em relação aos transexuais. Sabe-se de muitos deles, altamente qualificados e bem situados, exercem importantes cargos e funções como, para citar um exemplo, Raffi Freedman-Gurspan, nomeada pelo Presidente Obama para um cargo federal na Casa Branca.

A sexualidade não binária nos interroga e nos força a pensar. Será que o acesso às relações objetais e à realidade poderia passar por outros circuitos que não necessariamente os da castração simbólica? Essa, quem sabe, é nossa tarefa teórica mais urgente.

À luz da interpretação "dura" da teoria, o casal de *A Secretária* seria considerado inviável, pois formado por duas pessoas fixadas na sexualidade infantil, atuando patologias complementares e supostamente incapacitadas de atingir plenamente o amor objetal. No entanto, desafiando a teoria, eles se amam. Freud anotou a observação de Charcot: "A teoria é boa, mas não impede de que isso exista".[6][7] Esse é um conselho ao qual deveríamos estar sempre atentos, especialmente nos dias de hoje.

6 (tradução livre do autor) "La théorie c'est bon, mais ça n'empêche pas de exister".

7 S. Freud, « Charcot », *Wiener Medizinische Wochenschrift*, 43 (37), p. 1513-1520; *GW I*, p. 21-35.

# 23. *8 ½ Mulheres* (*8 ½ Women*, 1998), de Peter Greenaway

Os grandes sucessos comerciais de Hollywood, esbanjando tecnologia e orçamentos milionários, quase transformaram os "filmes de arte" em constrangedores anacronismos. Indiferente a isso, Greenaway segue sem concessões seu caminho, usando narrativas complexas para contar suas histórias não convencionais, que a maioria se esforça para entender e quando o consegue, se sente levemente desconfortável, senão ultrajada.

Num universo em que impera a indústria do entretenimento com sua produção de massa, é admirável que alguns artistas se mantenham fiéis a seus estilos e universos estéticos apreciados por poucos. Também é surpreendente que filmes dirigidos para um público tão restrito encontrem quem os financie.

Em vez de seduzir as multidões proporcionando-lhes o que elas esperam, criadores como Greenaway optam por desafiá-las, mostrando-lhes que há um mundo mais complexo do que aquele que lhe é oferecido habitualmente, cujo acesso não lhes está vedado, mas que lhes exige esforço, educação, estudo para que possam dele usufruir.

Há algo inusitado neste *8 ½ Mulheres*, uma quebra de tabu. Ao que me consta, é o primeiro filme que aborda o incesto entre pai e filho, coisa até então inédita no cinema. É um elemento tão desconcertante da história que, apesar de explicitamente apresentado, muitos resenhadores, talvez por negação ou por não saber como lidar com material tão inusitado, não o mencionam em seus escritos.

Assim como fez Louis Malle em *Sopro no Coração* (*Souffle au coeur*), aqui o incesto é esvaziado de sua conotação escandalosa. É um episódio sem maiores consequências, um ato misericordioso do filho para com o pai, uma resposta dionisíaca e orgiástica frente à morte, um ato que deliberadamente se distancia do repertório fúnebre que cerca o luto. Ao esvaziar o incesto de sua conotação patológica e apresentá-lo como uma mera demonstração de amor filial, Greenaway tenta construir seus personagens fora do incontornável roteiro edipiano que estrutura a vida humana. Mas tal roteiro se impõe quase que à sua revelia, como veremos.

Apesar de o filme ter um forte teor sexual e Greenaway não se abster de mostrar a nudez frontal de seus atores e atrizes, sua abordagem dificilmente poderia ser considera incomum ou excitante. O sexo, como tudo o mais no filme, é estudado, analisado, pensado, refletido, abordado de forma cerebral e comedida, tal como um entomologista dissecaria um inseto ou um antropólogo examinaria as práticas e costumes de povos distantes de nossa civilização.

O prazer proporcionado pelas obras de Greenaway nunca é primordialmente sensual ou emocional, é sempre intelectual. Embora os elementos afetivos não estejam ausentes, o que prevalece é a satisfação de resolver os enigmas propostos.

*8 ½ Mulheres* gira em torno de um milionário suíço, Phillipe Ementhal, e seu filho Storey, que mora em Kioto cuidando de um ramo de seus negócios, uma casa de *pachinko*.[1] Phillipe fica viúvo e

1 *Pachinko* é um jogo mecânico, misto de fliperama, caça-níqueis e (atualmente) videogame, extremamente popular no Japão.

chama Storey para o enterro da mãe. Vendo o desespero do pai, o filho tenta consolá-lo através do erotismo. Inicialmente, como já foi mencionado, tendo uma relação sexual com ele. Posteriormente, ao verem o filme *8 ½* de Fellini, os dois decidem montar um pequeno bordel na mansão da família em Genebra. Para tanto, selecionam e contratam 8 ½ mulheres que deverão servi-los sexualmente por um ano. Uma das mulheres não foi propriamente escolhida, veio por conta própria, revelando desde logo um traço de autonomia e liberdade que se firmará progressivamente. A "meia-mulher" é uma mutilada sem pernas. Com o correr do tempo a situação se modifica, as mulheres se rebelam e partem, rompendo unilateralmente o contrato.

O eixo central do enredo é a relação entre pai e filho. A estranha, inadequada e sintomática indiferença de Storey em relação à morte da mãe e sua disposição em ocupar o lugar sexual dela junto ao pai logo após o enterro poderia indicar a realização de um desejo longamente acalentado, dentro do modelo freudiano do Édipo invertido, negativo: o amor pelo pai e o desejo de morte da mãe. Sua sugestão de montar o bordel pode ser entendida como uma maneira de controlar, vigiar e participar de forma promíscua da vida sexual do pai.

A escolha das mulheres segue um catálogo de fantasias masculinas sobre o eterno feminino – a mãe, a prostituta, a ninfomaníaca, a histérica, a submissa, a desafiadora. Temos Griselda, uma bancária que aceita fazer o papel de freira licenciosa e assume de tal forma essa identidade a ponto de criar uma "ordem religiosa"; Berryl, uma ladra de cavalos que faz sexo com sua porca Hermione; Simato, uma jogadora compulsiva de *pachinko*; Mio, que deseja ser um ator *kabuki*; Kito, uma japonesa tradutora e mulher de negócios; Gioconda, uma italiana que aluga o ventre e vende bebês por 25 mil dólares; Clothilde, uma empregada da casa; Giulietta, a "meia--mulher" e Palmira, uma prostituta de luxo. Duas delas merecem atenção especial: Mio e Palmira. Insegura de sua feminilidade, Mio admira profundamente o *kabuki*, teatro clássico japonês, no qual os atores são todos homens. Considera-se que eles representam com perfeição a quintessência da feminilidade. Mio quer ser um homem não por invejar os atributos masculinos, mas para poder representar à perfeição a feminilidade. As complicações de sua fantasia erótica não se encerram aí. Convence Phillipe a atuar com ela uma cena de amor, estando ambos caracterizados à maneira *kabuki*. No momento da consumação do ato sexual, Mio se "decepciona" quando "descobre" que Phillipe é homem. Tal "decepção" a leva posteriormente ao suicídio. Sensatamente, Storey comenta que Mio já tinha copulado com ele e o pai, não poderia esperar outra coisa. Storey não leva em conta a fantasia de Mio, ela deseja uma relação sexual entre uma mulher que se imagina um homem travestido de mulher como no *kabuki* (ela mesma) e um parceiro que seja uma mulher travestida de homem. Uma relação entre um homem travestido de mulher com uma mulher travestida de homem resulta num encontro heterossexual, embora na fantasia cada um dos parceiros ocupe o lugar do sexo oposto. No caso de Mio, uma mulher querendo ser um homem travestido de mulher e que não tolera encontrar um homem como parceiro, motivo de sua "decepção", no fundo era uma relação homossexual o que ela esperava. Seu suicídio poderia servir de indício dos impasses gerados pelo seu desejo preso a uma identidade sexual conflituada.

As desventuras de Mio poderiam ser entendidas como a forma escolhida por Greenawaypara comentar a questão da identidade de gênero que nos últimos tempos tem adquirido grande relevância social e presença na mídia, e que o *kabuki*, com seu apelo erótico e ênfase no travestismo feminino e masculino, já expressava no Japão do século XVII.

Palmira, ao contrário das outras mulheres, não é escolhida para compor o bordel. Ao tomar conhecimento do projeto dos Ementhal, vem por vontade própria, pois em uma ocasião anterior tentara seduzir Phillipe, sem sucesso. Sua entrada em cena rompe o equilíbrio estabelecido, minando a promiscuidade sexual entre pai e filho, que compartilhavam todas as mulheres. Palmira recusa-se a ter relações sexuais com Storey e logo Phillipe se apaixona por ela, desinteressando-se pelas demais mulheres. Palmira e Phillipe recompõem o casal parental. Ao excluir o filho de sua intimidade, reinstala-se o complexo de Édipo, agora completo – positivo e negativo. Storey ama e tem ciúmes de ambos, Palmira e Phillipe, e tem de suportar a exclusão do coito parental.

Phillipe morre em pleno gozo sexual. Herdeiro de tudo, Storey acredita que Palmira agora cederá a seus desejos, o que não acontece. Ela o humilha, tratando-o como criança mimada e parte com seu "Otelo", um antigo amante cantor de ópera negro. O triângulo Palmira-Phillipe-Storey deixara em segundo plano as demais mulheres, que terminam por abandonar a mansão, cada uma a sua maneira. Não chega a ser uma rebelião feminina contra o poder patriarcal e financeiro dos homens, pois tanto Phillipe como Storey, fascinados por Palmira, já não se interessavam por elas e não opõem resistência à sua partida.

Com a morte do pai e desprezado por Palmira, só resta para Storey a "meia-mulher" Giulieta. Fixado numa sexualidade infantil, incestuosa, truncada, Storey também é um "meio-homem", impossibilitado de ter acesso a uma sexualidade adulta, a uma mulher "inteira".

# 24. *Leolo* (1992), de Jean-Claude Lauzon

A família de Leolo Lauzon é devastada pela pobreza e pela loucura. Com exceção dele mesmo e da mãe, todos os demais membros têm graves transtornos mentais: o irmão, as irmãs, o pai e o avô – a quem é atribuído a desgraça da doença de todos. Leo rejeita o pai e não se identifica com seu nome franco-canadense e inventa para si uma versão italiana: Leolo Lozone, compatível com a história que inventou sobre sua própria concepção. Imagina-se filho de um desconhecido siciliano que teria ejaculado sobre um carregamento de tomates que, posteriormente, fora levado para o Canadá e sobre o qual a mãe acidentalmente caíra ao fazer compras na feira, o que a teria engravidado. Essa é uma típica fantasia do que Freud chamou "romance familiar".

Para Leolo, a Sicília será sempre a representação de um pai idealizado, um abrigo luminoso para onde escapa sempre que as dificuldades imediatas e traumáticas de sua casa se manifestam. Naquela terra ensolarada durante algum tempo também se abrigou Bianca, a vizinha imigrante italiana por quem é apaixonado. Como forma de não enlouquecer nesse conturbado ambiente, Leolo começa a ler o único livro que existia em sua casa *L'Avalée des Avalés*, e a escrever sobre sua família, tomando o lugar de um narrador neutro e emocionalmente distanciado.

O filme mostra como a dotação pulsional inata, que se desdobra nas fases de evolução da libido – oral, anal, fálica e genital – é moldada pelo desejo e a fantasia dos pais. Por considerarem-na importante manifestação de saúde, os pais de Leolo controlam a evacuação dos filhos, exigindo ver a produção diária de cada um deles. Ainda com esse fim, semanalmente as crianças são forçadas a tomar laxante e, se necessário, submeter-se a lavagens intestinais. Para satisfazer a exigência do pai, Leolo compra as fezes da irmã psicótica para provar que seu intestino está funcionando bem.

Nessa família despedaçada, a mãe é o esteio forte, lutando bravamente para manter coesa a família numa casa caótica, cheia de ratos e com um peru na banheira. As figuras masculinas são frágeis, inconsistentes. O pai é um homem de poucas luzes, simples trabalhador braçal. É com o avô, impulsivo e violento, que Leolo vai viver seu embate edipiano.

Uma das cenas mais pungentes do filme é a que se desenrola em torno de Fernand, o irmão mais velho de Leolo. Depois de ser agredido por um pequeno marginal nas ruas, Fernand passa anos fazendo musculação e adquirindo uma abundância de músculos. Em grande forma física, encontra novamente o agressor e, numa manifestação da compulsão à repetição, é novamente espancado. Apesar de sua força, não consegue reagir e se defender dos ataques do franzino meliante. Arrasado, Leolo diz então ter aprendido que nada pode ser feito contra o medo que mora no interior de cada um. Ele sofre uma grande decepção ao descobrir que Bianca se prostitui atendendo aos desejos sexuais de seu avô, o que o leva a planejar o assassinato dele, o que por pouco não se realiza.

Ao chegar à adolescência, Leolo entra em gangues, toma contato com as drogas e com experiências perversas, o que o faz cortar o contato com a imaginária Sicília e com Bianca que ali o esperava. Ao perder tal refúgio, onde se resguardava a imagem paterna idealizada que o defendia de uma relação fusional com a mãe, Leolo entra em surto psicótico.

Um aspecto interessante do roteiro do filme é a forma como é mostrada a importância das memórias, lembranças, experiências traumáticas na criação das obras de arte. Para tanto, foi criado um enigmático personagem, o "domador de palavras", que recolhe no lixo da cidade tudo aquilo que registra e exprime emoções e afetos – cartas, anotações, diários, fotos – e os queima. O "domador" acredita que "as imagens e as palavras devem se misturar com as cinzas de poesia para que renasçam na imaginação dos homens". Como Leolo costuma escrever os relatos de seu sofrimento com a loucura familiar e não os guarda, o "domador" os recolhe do lixo e o estimula a escrever, afirmando ser importante o sonhar. Leolo diz então que ele foi um Dom Quixote que o salvou do naufrágio de sua família.

O "domador de palavras" transita entre o mundo real e o imaginário. Ao mesmo tempo em que frequenta a casa de Leolo e circula pela cidade vasculhando o lixo, habita um lugar requintado e misterioso, iluminado a luz de velas, onde guarda os escritos que não incinerou. No final do filme, vemos o "domador" em sua casa, lendo os textos de Leolo, que se encontra catatônico, internado no mesmo hospital onde seus familiares costumavam ficar. Com os escritos na mão, o "domador" abre um alçapão que dá acesso a um lugar secreto e resguardado. Após descer vários lances de escada, chega a um salão repleto de obras de arte, com livros antigos e novos. Ali ele junta os papéis de Leolo ao livro *L'Avalleé des Avalés*. O gesto do "domador" parece aproximá-los, como se um fosse o rascunho bruto e o outro a obra realizada.

O contraste entre a sordidez da casa de Leolo e o refinado esteticismo da casa do "domador" poderia representar a transfiguração do sofrimento pessoal do artista em obra de arte. Além de expressar fortes elementos biográficos de seu criador Jean-Claude Lauzon, perceptíveis já no próprio nome do personagem e título da obra, *Leolo* comporta outras leituras pertinentes à complexa realidade sociopolítica do Canadá, com suas províncias anglo-francófonas. Lauzon faleceu precocemente, junto com sua mulher, quando o pequeno avião que pilotava se chocou contra uma montanha. [1]Como Leolo deixa implícito, Lauzon tinha grande apreço por Réjean Ducharme e seu livro *L'Avalleé des Avalés*.

1 GARRITY, Henry. *Autobiography, fiction and politics in Jean-Claude Lauzon*. Disponível em: Autobiography, Fiction and Politics in Jean-Claude Lauzon's Léolo (uah.es)

# 25. *Nostalgia* (1983), de Andrei Tarkovsky

Andrei Tarkovsky, um dos maiores cineastas russos, fugiu com a mulher para o ocidente em 1983, deixando na União Soviética o filho que só reencontraria em 1986, ano de sua morte precoce aos 54 anos. Oficialmente atribuída a um câncer de pulmão, muitos a viram como um assassinato realizado pela KGB. Pouco tempo depois, ocorreriam os processos da Perestroika e Glasnost, que abriram a *cortina de ferro*.

Tarkovsky realizou cinco de seus sete filmes na União Soviética. Na Europa, fez dois: *Nostalgia* (1983), na Itália e *O Espelho* (1985), na Suécia.

Em *Nostalgia*, a ação se passa nos anos 1980. No filme, Andrei Gortchakov, um famoso escritor russo está trabalhando na biografia de Pavel Sosnovsky, compositor russo que duzentos anos antes havia vivido na Itália, onde seu talento fora reconhecido. Não tolerando a nostalgia pela terra natal, Pavel Sosnovsky voltara para a Rússia, retomando a humilde posição social que tinha antes, entregando-se ao alcoolismo e depois se suicidando. Colhendo dados para seu livro, Gortchakov viaja pela Toscana, visitando os lugares por onde Sosnovsky passara. A bela guia tradutora que o acompanha tenta seduzi-lo, mas Gortchakov não corresponde a suas investidas. Na verdade, nada o interessa, como vemos nas cenas iniciais, quando diz ele que a paisagem brumosa da Toscana se confunde com a névoa russa, a língua russa se mistura com a italiana. Gortchakov se recusa a sair do carro e ver a "Madona del Parto", de Piero della Francesca, apesar de ter percorrido uma longa distância com esse objetivo. Está preso em uma incontrolável nostalgia, diz não querer ver mais nada. Prosseguindo viagem, o casal chega a Bagno Vignoni, a antiga cidade com termas medicinais, que no transcorrer da história abrigou muitos hóspedes ilustres, entre eles Santa Catarina de Siena. Na cidade, encontram Domenico, um homem tido como louco que, movido por um inexplicável medo, passara sete anos trancado em casa com sua família. O escritor imediatamente se identifica com ele, entende seu desespero, sua descrença na convivência humana, sua falta de perspectivas. Procura se aproximar dele, o que consegue depois de vencer uma resistência inicial, ficam amigos e Domenico delega a Gortchakov uma missão simbólica.

Já em Roma para embarcar para a URSS, toma conhecimento de que Domenico está ali e naquele momento prega no Campidoglio seu discurso moralizante e apocalíptico. Gortchakov se dirige para lá e presencia o momento em que Domenico encharca seu corpo com líquido inflamável e ateia fogo em si mesmo. O escritor então suspende o retorno para casa e volta a Bagno Vignoni, onde finalmente cumpre a promessa feita ao amigo: atravessar a piscina de águas medicinais com uma vela acesa.

Nostalgia tem fortes elementos autobiográficos. A nostalgia de Sosnovsky claramente ecoa a nostalgia de Gortchakov, que, por sua vez, reflete a nostalgia de Tarkovsky. A impossibilidade de morar na Rússia/URSS ou de lá sair definitivamente. A impossibilidade de estar na Itália e ali se adaptar. O desassossego, a angústia, o não ter um lugar onde repousar, um ter perdido para sempre o lar. Talvez a referência a Santa Catarina se explique no fato de ter ela lutado firmemente para superar o cisma que então dividia a igreja entre ortodoxos e católicos romanos, uma possível alusão à cisão interna de Gortchakov, dividido entre dois desejos inconciliáveis, necessitado de uma unificação pacificadora.

O filme tem uma clara dimensão política, mostrando um regime autoritário destruindo a liberdade de expressão e a criatividade de um artista. O aspecto psicanalítico existencial aponta para a impossibilidade de vencer a nostalgia causada por aquele desenraizamento definitivo que todos nós sofremos: a perda do objeto primário, a perda da mãe e a procura infindável de seu substituto.

Mesmo com enredo tão sugestivo, o que causa maior impacto em *Nostalgia* é seu aspecto formal. Não apenas por reafirmar premissas clássicas da linguagem cinematográfica, na qual as imagens visuais prevalecem sobre a palavra falada, mas por dar a elas uma nova dimensão. As imagens parecem surgir de uma temporalidade e uma espacialidade peculiares, o que as dotam de uma densidade simbólica que transcende o entrecho dramático e lhes dão uma inquietante autonomia.

Dessa maneira, acostumados com o ritmo narrativo da maioria dos filmes, sentimos um profundo estranhamento com *Nostalgia*. É necessário se acomodar a um novo parâmetro, no qual o tempo e o espaço, elementos indispensáveis presentes em toda obra dramática, deixam de ser apenas o pano de fundo para a ação dos personagens e adquirem um protagonismo que lhes dá uma quase independência em relação ao próprio entrecho narrativo.

Gortchakov vive entre dois mundos. As imagens da Toscana se fundem com as do campo russo, o cão transita entre a *dacha* e o quarto na Toscana, a cama onde dorme sozinho na Itália aos poucos se transforma no leito conjugal com a mulher grávida na

URSS. Essas paisagens estão frequentemente misturadas, revelando o estado mental de Gortchakov, incapaz de se localizar e se fixar afetivamente em uma delas. A extraordinária cena final, na qual vemos a *dacha* russa cercada pelas ruínas toscanas, sintetiza bem o mundo psíquico do personagem.

A esfumaçada indefinição das imagens que se fundem e confundem, misturando e condensando lugares e épocas diferentes reproduz com grande propriedade a atmosfera onírica que nos é tão familiar a partir de nossos próprios sonhos. Nesse sentido, Tarkovsky foi infinitamente mais feliz do que Christopher Nolan que, em sua superprodução *A Origem* (*Inception*, 2010), propõe uma concepção visual tão esdrúxula do mundo onírico que deixa qualquer um se perguntando se Nolan algum dia sonhou na vida.

A contraposição dos dois filmes ressalta a diferença entre o uso excessivo de recursos gráficos digitais e a elaboração delicada e sutil de Tarkovsky, observação que não pretende ser saudosista ou depreciativa dos avanços tecnológicos.

Os espaços claustrofóbicos da Igreja da Nossa Senhora do Bom Parto e as grandes ruínas da catedral sem teto, a casa invadida por um rio, a própria piscina termal de Bagno Vignoni são lugares distópicos, atópicos, suspensos entre terras e tempos diversos, atemporais. As granulações e gradações de luz conferem uma estranheza às coisas, anulando sua banalidade, fazendo com que passem a representar um mistério que não nos compete decifrar, embora dele sintamos as emanações.

Esse tratamento peculiar do tempo e do espaço insere a obra de Tarkovsky na categoria do sublime, essa qualidade estética que nos assusta e fascina, que mostra a imensidão que nos circunda e ressalta nossa pequenez e fragilidade, que aponta para a finitude de todas as coisas e de nós mesmos. A percepção de sermos apátridas, de termos perdido para sempre o colo materno, que jamais recuperaremos.

Essas peculiaridades formais de *Nostalgia* reaparecem na obra de Sokurov, um dos discípulos mais próximos de Tarkovsky. Como homenagem ao mestre, reencontramos em seus filmes *Mãe e Filho* (1997) e *Pai e Filho* (2003) o mesmo tratamento do tempo e do espaço, o mesmo cuidado com as imagens, as mesmas longas e reflexivas tomadas.

# 26. *O conformista* (*Il conformista*, 1970), de Bernardo Bertolucci

Considerado uma das obras-primas de Bernardo Bertolucci, o filme *O Conformista* é baseado no romance homônimo do Alberto Moravia. Além do requinte visual, que recria cuidadosamente a década de 1930 e a ascensão do fascismo em Roma, o filme é um estudo sobre o papel da ideologia como suporte identificatório para uma estrutura de ego desorganizada e frágil.

Bertolucci não segue a estrutura linear do romance de Moravia, preferindo montar um quebra-cabeça estruturado em flashbacks. O filme se inicia com Marcello Clerici recebendo um telefonema que o coloca à caça de um inimigo do regime fascista a quem deve assassinar. Enquanto seu comparsa Manganiello dirige o carro, Clerici rememora sua trajetória até aquele momento.

Vamos vê-lo em longas conversas com seu amigo cego ideólogo do partido fascista. A cegueira do ideólogo expressa a evidente crítica de Bertolucci às ideias por ele defendidas. Numa reveladora confissão de sua identidade confusa e frágil, Clerici pergunta ao amigo o que é ser "um homem normal", este lhe diz que "um homem normal" é aquele que volta a cabeça para olhar o traseiro de uma mulher que passa, é aquele que gosta de estar entre iguais, é aquele que se perde na multidão e que não tolera o diferente. Clerici diz querer ser "normal", e para tanto planeja se casar.

Por intermédio do amigo, Clerici ingressa no partido e se dispõe a prestar-lhe qualquer serviço. O coronel que o recebe diz que seu currículo excelente impressionara a todos, bem como o fato raro de ter-se apresentado voluntariamente. Na maioria das vezes, as pessoas obedeciam às ordens do partido por medo ou por dinheiro. Após um período de observação, Clerici recebe uma tarefa importante: assassinar o professor Quadri, renomado intelectual inimigo do regime, que fora seu professor de filosofia e que se exilara em Paris. Ele não dá uma resposta imediata ao convite.

Um policial, Manganiello, é designado para acompanhá-lo na missão. Com ele, Clerici vai até a casa da mãe, uma mansão abandonada e decadente. Ali a encontra dormindo ao meio-dia, dividindo a cama com vários filhotes de cachorro, uma sugestiva imagem de promiscuidade e indiscriminação, que logo se confirma com a conversa que se estabelece entre eles, em tons eróticos incestuosos. Ele pede que ela se cubra, pois está seminua, e ela, após beijá-lo na boca, lamenta ter um filho "moralista". O filho está ali para levá-la a uma visita ao pai, internado num hospício.

Enquanto espera a mãe no jardim da mansão, Clerici conversa com Manganiello. Pergunta-lhe se acha possível alguém ter uma infância normal naquela casa, tendo uma mãe viciada em morfina e explorada por seu motorista, que era um misto de amante e fornecedor de droga. Ele pede então que o policial dê fim ao amante da mãe, o que Managaniello imediatamente realiza. Dessa maneira, Clerici se decide a realizar a missão que lhe fora delegada.

Em outro momento, no hospício, Clerici encontra o pai louco, repetindo compulsivamente as palavras "violência e melancolia", escrevendo algo sobre as relações entre o indivíduo e o Estado, que deveriam ser harmônicas, indutoras de identificações recíprocas. Clerici avisa ao pai que vai casar-se, informação que o pai mal registra. Pede à mãe que se afaste para ter uma conversa particular com o pai. Clerici então o confronta, indagando se ele fora um torturador e assassino, o que o pai admite, para logo dele se afastar, chamando o enfermeiro, a quem solicita que lhe coloque a camisa de força.

Incumbido de matar seu antigo professor, Clerici dirige-se a Paris. A viagem para aquela cidade conjuga o objetivo de realizar sua missão política com a lua de mel, importantes passos para executar seu projeto de ser "normal", como antes afirmara ao amigo ideólogo cego.

Casara-se sem entusiasmo com Giulia, que considera uma burguesa medíocre e mesquinha. Frente a sua relutância em cumprir com os rituais religiosos do casamento, deixa-se convencer ao ouvir dela que não devia levá-los muito a sério, pois "ninguém acredita mesmo neles".

Ao se confessar, Clerici tem atitude insolente e desrespeitosa com o padre, a quem confidencia ter sofrido uma tentativa de abuso sexual aos 13 anos de idade por parte de um homem mais velho, a quem teria então assassinado. Recrimina o padre, que parece estar mais interessado na sodomia e considerá-la um pecado mais grave do que o próprio assassinato que estava confessando naquele momento. Provoca o padre ao ridicularizar a confissão, o casamento, a igreja, Cristo, mostrando um grande desespero niilista. O padre, que até então o censurava, para a perplexidade de Clerici, absolve-o imediatamente ao ouvi-lo dizer que é fascista e que lutava contra os subversivos. Uma clara indicação da cumplicidade da igreja com o partido, dos usos que a ideologia política faz da religião.

Na viagem de lua de mel, no trem, sua noiva Giulia diz não ser mais virgem, pois há seis anos era amante de um amigo do pai, homem que frequentava sua casa desde sua infância. Fora ele quem mandara a carta anônima visando indispor Clerici com a sogra, levantando suspeitas sobre sua saúde, ao afirmar que seu pai enlouquecera por ser sifilítico. Com isso, o autor desmascara os valores familiares tão exaltados pelo fascismo.

Em Paris, Clerici tenta aproximar-se do professor Quadri e reconhece em sua mulher Anna uma prostituta de luxo, que vira na companhia de altas autoridades fascistas, em suas peregrinações para entrar no partido. Anna lhe diz que todos suspeitam ser ele um espião e se oferece sexualmente a ele, pedindo sua clemência.

Anna dá um tom bissexual ao contexto, pois ao mesmo tempo em que se envolve com Clerici, se interessa por Giulia, como se vê na bela cena do baile e no quarto de hotel. No baile, Clerici já sabendo que suspeitam dele, tenta abandonar a missão, mas Manganiello o contém, dizendo ser tarde demais. O professor Quadri o submete a testes e finge se convencer de sua neutralidade política, mas foge com Anna, colocando Clerici e Manganiello em seu encalço.

Na estrada, o carro do Professor Quadri é interceptado por outro, cujo motorista aparentemente está ferido. Ele desce para investigar o que acontece. Anna sabe que está sendo seguida por Clerici, cujo carro bloqueia a fuga por trás. Vários homens aparecem da floresta e apunhalam seguidamente o professor. Anna corre até o carro onde estão Clerici e Manganiello e lhes pede socorro. Clerici nada faz, assistindo impassível a seu assassinato. Manganiello sai do carro e expressa seu desprezo por Clerici, equiparando-o a outros "covardes", como os judeus e homossexuais etc.

A ação corta para quatro anos depois, quando vemos Clerici com sua filhinha a quem ensina a rezar a *Ave Maria*, enquanto ouve no rádio as notícias sobre a queda de Mussolini. Giulia diz que o amigo ideólogo havia ligado e pedido para encontrá-lo no lugar de sempre. Ela pede que Clerici não saia e pela primeira vez menciona saber de sua participação no assassinato de Quadri e de sua mulher.

Ao ser interrogada por Cleirici, Giulia diz que Anna, talvez com o objetivo de separá-los, dissera que ele era do serviço secreto e estava tentando matá-los. Mais uma vez Clerici pergunta a Giulia o que ela pensava disso e ela responde que entendia ser o trabalho dele e que o assassinato do casal teria ajudado seu progresso profissional. Giulia insiste ser perigoso que ele saia às ruas naquele momento, pois poderia ser identificado como um homem do regime.

Mesmo assim, Clerici sai. O tumulto político é simbolizado por apagões de luz, multidões nas ruas. Ele encontra o antigo amigo ideólogo cego numa ponte e saem andando. Ao passarem por um beco, por acaso Clerici ouve a conversa de dois homossexuais, na qual reconhece a voz e a fala de seu antigo sedutor, o homem que até então acreditava ter assassinado e que simplesmente ferira com um tiro de raspão.

Nesse momento, tal como o sistema político que caíra, Clerici também desmorona. Descontrolado, grita contra o sedutor atribuindo-lhe seus próprios crimes – o assassinato de Quadri e sua mulher Anna. O sedutor foge, debaixo de acusações de pederasta e fascista. Em seguida, Clerici passa a denunciar como fascista o amigo cego, que é levado de roldão pela turba. Quando esta se afasta, Clerici se encontra sozinho com o rapaz que conversava com o antigo sedutor e a ele se entrega sexualmente.

Em função da loucura familiar, da experiência traumática da sedução sexual e da culpa pelo suposto assassinato do sedutor, Clerici se sente diferente, constata sua não "normalidade", sua identidade pouco definida, necessitando de uma ideologia forte e violenta, que estabelece claros parâmetros e fortes repressões.

O filme mostra como uma ideologia política pode ser usada como apoio identitário por personalidades frágeis mal constituídas. Quando o regime e a ideologia que o amparava se esfacelam, Clerici também se desorganiza psiquicamente, despersonaliza-se, perde a identidade. Confunde-se com o sedutor em quem simultaneamente projeta toda sua conflitiva psíquica e com o qual se identifica.

O final do filme é um bom exemplo da cena traumática externa e atual que reatualiza catastroficamente a cena traumática infantil reprimida, provocando uma completa desestruturação psíquica pelo fracasso das defesas mantidas até então.

*O conformista* é de 1970. Em 2011 foi relançado em cópia restaurada na Europa, o que motivou muitas entrevistas com Bertolucci. Refletindo a mudança dos tempos, foram-lhe levantadas questões inexistentes à época do lançamento original. Queria ele dizer que o fascismo e a ideologia direitista seriam uma defesa contra o homossexualismo? A desesperada luta de Clerici para ser "normal" era uma luta contra a homossexualidade? Ser "normal" é ser heterossexual? Seria essa uma tese homofóbica?

# 27. Declínio da autoridade no cinema contemporâneo[1]

O tema "o declínio da autoridade no cinema contemporâneo" oferece a oportunidade de retomarmos uma questão que tem merecido nossa atenção enquanto psicanalistas e que continua nos desafiando com sua amplitude e importância.

Se consultarmos um bom dicionário, veremos que "autoridade" designa "o direito ou o poder de ordenar, de decidir, de atuar, de impor obediência e exercer o comando, de determinar leis e julgamentos, bem como a pessoa investida desse poder".[2]

Ao se pesquisar a origem da palavra "autoridade" descobrimos que ela deriva de *auctoritas*, figura do direito romano. Nas leis da antiga Roma, *auctoritas* se opunha a *potestas* e *imperium*. Embora os três termos se refiram a "poder", têm diferentes conotações.

---

1 Palestra realizada na I Jornada Paulista de Cinema e Psicanálise do Instituto de Psicologia da USP, em 10/12/2009

2 *The American Heritage Dictionary of the English Language*, 4.ed. Boston: Houghton Mifflin, 2000.

*Potestas* diz respeito ao poder coercitivo próprio dos magistrados romanos posto em ato ao promulgarem decretos e editais, bem como no julgamento das ações entre litigantes. Esse poder era considerado análogo ao poder militar, embora de exercício menos incisivo.

*Potestas* contrasta fortemente com *auctoritas*, o poder do Senado. Enquanto os magistrados têm *potestas*, que é a manifestação de um poder socialmente reconhecido, os senadores têm *auctoritas*, que é a manifestação de um saber socialmente reconhecido, que dá a seu detentor uma elevada posição moral e lhe permite emitir opiniões e julgamentos respeitados pela comunidade. Segundo a legislatura romana, ambos eram necessários e se complementavam no governo da *res pública*.

Os magistrados mais importantes, como os cônsules e pretores, tinham o *imperium*, a forma mais alta de *potestas*, ligado ao poder de comandar, próprio do *imperator* (general da ativa). Ou seja, *imperium* remete diretamente ao poder militar.[3]

*Imperium* era delegado a um determinado cidadão para defender os interesses do Estado e garantir a obediência a suas leis. Um cidadão com *imperium* tinha, em princípio, autonomia e autoridade para aplicar a lei no âmbito de sua magistratura. *Imperium* tinha gradações e se submetia ao *potestas* e ao *auctoritas*.

Nesse contexto, se *poder* genericamente significa a capacidade ou a habilidade física ou moral de alcançar os fins almejados, "autoridade" refere-se ao poder legitimado, ao direito de exercer tal poder amparado por leis, algo diferente do poder exercido pela força e pela coerção. Um exemplo simples – enquanto a massa tem o poder de punir um criminoso por meio do linchamento, apenas os tribunais têm a autoridade para aplicar a pena capital.

---

3 *Collins English Dictionary*: Complete and Unabridged. 6ª. Ed. New York: Harper Collins, 2003.

Ao cair o Império Romano, algumas de suas leis e instituições sobreviveram. Durante a Alta Idade Média, o cristianismo foi regido pelo Papa e pelo Sacro Império Romano. O primeiro tinha o poder espiritual – identificado com *auctoritas* – e o segundo detinha o poder temporal, mais identificado com *potestas* e *imperium*. No início, o Papa coroava o Imperador e este indicava o Papa, mas depois da Controvérsia da Investidura, ocorrido no século IX e considerado o maior conflito entre Igreja e o Estado na Idade Média, o Papa passou a ser indicado por um colégio de cardeais. No paulatino enfraquecimento do Sacro Império Romano, cujos remanescentes se mantiveram até o início do século XIX, os reinados se tornaram independentes.

Tracei aqui resumidamente a origem da palavra "autoridade" para entendermos o universo semântico por ela abrangido, que retrocede até mesmo antes de Roma, desde que o exercício da autoridade política e os conflitos entre liberdade e autoridade eram questões centrais para filósofos políticos gregos, como Aristóteles e Platão, temas que mantêm sua pertinência e interesse até o presente.

Em nossos tempos, com os conhecimentos oferecidos pelas ciências sociais, o exercício da autoridade tem sido estudado em famílias, em grupos pequenos e grandes e nas organizações sociais, como os modernos estados.

Em psicanálise, "autoridade" evoca a autoridade paterna, o que nos remete ao mito da horda primitiva em *Totem e Tabu*, no qual Freud propõe a gênese psíquica das leis que permitem a organização político-social, leis decorrentes do assassinato do pai, um paradoxo que traz as marcas próprias dos mecanismos inconscientes. *Totem e Tabu* estabelece uma íntima ligação entre a estrutura privada da família e as organizações públicas sociais e políticas.

O exercício do poder, o estabelecimento da lei e a força necessária para a sua implantação decorrem deste modelo primário do poder do pai. Diz Roudinesco em *A família em Desordem*: "A família é (...) o primeiro modelo das sociedades políticas; o chefe é a imagem do pai, o povo é a imagem dos filhos, e todos, tendo nascido iguais e livres, não alienam sua liberdade senão por necessidade pessoal" (p. 37).[4]

O declínio da autoridade evoca o declínio da autoridade paterna, o enfraquecimento da imagem do pai, a decadência do patriarcalismo, cujo início Roudinesco situa na Revolução Francesa, quando – ato inédito na história e de profundas repercussões ainda hoje em andamento – o rei foi deposto e decapitado. Representante direto do poder do rei e de Deus no âmbito da família, o patriarca teve uma longa agonia desde então, chegando exangue aos nossos dias.

Roudinesco aponta como a antiga autoridade paterna sobre os filhos foi substituída pela autoridade compartilhada com a mãe e com o estado, o que, não poucas vezes, leva como subproduto indesejado o aumento da autoridade ou poder materno ou mesmo a uma "maternalização" da função paterna. Diz ela:

> *Assistiu-se [...] durante todo o século XX urna "maternalização" da família nuclear, que se traduziu, para a psicanálise, em um relativo abandono do freudismo clássico em prol das teorias de Melanie Klein. (ROUDINESCO, op. cit., p. 106-107)*

Penso que Roudinesco não se detém adequadamente na questão do poder materno, cuja importância não de corre exclusivamente do declínio do poder paterno trazido pelos ventos histórico-culturais. Poder materno e paterno se manifestam em diferentes momentos da constituição do sujeito. Ao deslocar o foco analítico da castração e do complexo de Édipo para os primórdios da relação da criança

4 ROUDINESCO, E. *A família em desordem*. São Paulo: Zahar, 2003.

com a mãe e desdobrar facetas até então pouco estudadas da fase oral, Melanie Klein e muitos os autores depois dela mostraram que, antes de se deparar com o poder e a autoridade do pai, a criança passa por grandes vicissitudes em sua relação com a mãe, na qual pode sentir a força de seu poder ilimitado, sem "autoridade", desde que não submetido à lei. Ataques invejosos à onipotência materna com posteriores sentimentos de perseguição, culpa e desejos de reparação (Melanie Klein) ou a alienação estrutural no desejo deste outro poderoso que deve ser atendido para ter garantida a sobrevivência (Lacan) são formulações teóricas que tentam dar conta do ilimitado poder materno ainda não contido pela lei paterna. Uma extraordinária visão do poder das mães que vige antes do aparecimento do pai é mostrada no filme *Anticristo* (*Antichrist*, 2009), de Lars von Trier. Nele fica claro que o temor sentido pelo homem frente à mulher não advém apenas da angústia de castração evocada pelo genital feminino. A mulher lhe inspira um temor mais arcaico – o medo da aniquilação, da morte. Tal medo decorre de vivências muito precoces adquiridas pela criança no contato com uma mãe detentora de poder absoluto, arbitrário e imprevisível, ao qual ela (criança) está completamente exposta em seu desamparo. É uma imago terrorífica da mãe, a mãe devoradora, o seio mau de Melanie Klein, a mãe-bruxa, aquela que povoa o terrível "reino das mães" no qual nem Mefistófeles ousa penetrar, como mostra Goethe em Fausto.[5]

O enfraquecimento da figura paterna seria responsável pela intensificação de aspectos narcísicos na sociedade, pelas patologias especificas decorrentes da permanência, em grau variado, da relação fusional com a mãe. Isso levaria à persistência da onipotência infantil, à intolerância às frustrações, à facilitação de condutas aditivas e ao desencadear das chamadas "síndromes de pânico", que, como Litvinoff

5 Ver mais detalhes no capítulo "Anitcristo" desse livro.

afirma, podem ser entendidas como mecanismos defensivos fóbicos que agem como suplentes da claudicante função interditora paterna, protegendo o sujeito de uma liberdade excessiva que ameaça sua própria integridade.[6]

É importante discriminar o poder patriarcal e a função paterna. Por se confundirem, parecia difícil rejeitar os valores patriarcais, sem com isso abalar a importância da função paterna. A efetiva autoridade paterna é simbólica, é o exercício da interdição da relação dual narcísica com a mãe, introduzindo a criança no mundo triangular, no qual o outro preside. Ainda assim, esta interdição por parte do pai não pode deixar de implicar o exercício de certa violência.

O poder patriarcal, por ser muitas vezes exercido de forma truculenta e traumática, é o cenário imaginário apropriado para o drama edipiano. Um bom exemplo dos estertores desta configuração é o pungente filme *Cada um Vive como Quer* (*Five Easy Pieces*, 1970), de Bob Rafelson. Ali vemos o filho reagindo de forma autodestrutiva à ambivalência com a qual encara o pai e seus valores. Outro bom exemplo do conflito edipiano bem definido é *Wall Street* (1987), de Oliver Stone.

Nos processos constitutivos do sujeito, o poder paterno enquanto instaurador da lei se superpõe ao materno, mas este não desaparece de todo. Os dois poderes não podem ser dissociados, pois o pai só pode exercer o seu com o reconhecimento e a anuência da mãe da criança. Assim, o poder paterno e o materno são complementares. O filme *Caráter* (*Karakter*, 1997), de Mike van Diem, ilustra bem essa problemática. Ali vemos um pai, com todos os emblemas do poder patriarcal (força física, dinheiro, poder político) ser impedido

---

6 Litvinoff, Diana Sahovaler – *El sujeto escondido em la realidade virtual* – Buenos Aires, Letra Viva, 2009, p. 207.

de exercer a função paterna pela mãe de seu filho, que o impede de se aproximar do pai.[7]

Como vimos, a "autoridade" está vinculada ao conceito de poder, força, direito, leis. O poder está sempre ligado à força - sem ela não poderá ser exercido, como lembra Derrida.[8] O uso da força será legitimo ou não, respeitará as leis ou as ignorará, terá ou não a "autoridade" de seu lado. Atribuindo outro nível de complexidade ao problema, Derrida mostra como as leis e o direito estão dissociados da justiça, revelando essa discordância uma dimensão indecidível, na medida em que o direito "parece sempre supor a generalidade de uma regra, de uma norma ou de um imperativo universal", enquanto a justiça "deve sempre concernir a uma singularidade, indivíduos, grupos, existências insubstituíveis, o outro ou eu como outro, numa situação única" (p. 31).

Assim, consideramos "legítimo", ou seja, com *auctoritas*, o exercício do poder paterno na medida em que ele realiza a castração simbólica, mesmo quando se apresenta sob a forma desnecessariamente excessiva do patriarcalismo, situando-se então talvez mais próximo do *imperium* ou *potestas*. O poder paterno "ilegítimo", sem *auctoritas*, é aquele perverso - pais que não são representantes da lei e sim violadores, como os incestuosos, por exemplo - ou omisso, não exercido de forma alguma, o que possibilita a persistência do poder materno.

Há muitos exemplos desse quadro no cinema: *O pântano* (*La Cienaga*, 2001), de Lucrecia Martel, no qual vemos crianças cuidando de pais e mães infantilizados, alcoólatras, irresponsáveis, com quem vivem numa promiscuidade quase incestuosa;[9] *Felicidade*

---

7 Ver "Carater" em "O psicanalista vai ao cinema", vol. 1, p. 5, deste autor dessa editora.

8 DERRIDA, J. *Força da lei*. São Paulo, Editora Martins Fontes, 2007, p. 8.

9 Ver "Pantano" em O psicanalista vai ao cinema vol. 2, p. 109, deste autor, dessa editora.

(*Happiness*, 1998) e *Histórias Proibidas* (*Storytelling*, 2001) de Todd Solondz, que mostram famílias com pais pedófilos, impotentes, controlados pelos filhos com quem têm relações narcísicas;[10] *Beleza Americana* (*American Beauty*, 1999), de Sam Mendes, com figuras paternas destruídas, incapazes de sustentar a lei, filhos perdidos;[11] *Tudo sobre minha mãe* (*Todo sobre mi madre*, 1999), de Almodóvar, e Nada Sobre Meu Pai, como escrevi na ocasião em que o filme foi exibido;[12] *Veludo Azul* (*Blue Velvet*, 1986), de David Lynch, no qual, a partir do acidente vascular cerebral do pai, o jovem volta à cidade e se depara com o lado obscuro da vida; *Na captura dos Friedmans* (*Capturing the Friedmans*, 2003), de Andrew Jarecki, extraordinário documentário mostrando a família de um pedófilo.[13] Em chave cômica, temos o *Uma babá quase perfeita* (*Mrs. Doubtfire*, 1993), de Chris Columbus, no qual a "maternalização" da paternidade não poderia ser mais explícita.[14]

De que maneira se refletiria no campo social o declínio do poder simbólico paterno que constatamos ocorrer no seio das famílias, com os já referidos efeitos deletérios no processo de constituição do sujeito?

Haveria alguma vinculação entre o declínio da autoridade paterna e a ascensão dos totalitarismos no século passado? Seria possível articular o enfraquecimento da figura paterna com o aparecimento de "pais" formidáveis, idealizados, onipotentes, cujas representações mais cabais são Hitler, Stalin, Mao?

Cumpririam esses e outros políticos que exercem um poder ilegítimo em nossas democracias formais alguma função simbólica,

10 Ver "Happiness", Festa em família" e" Histórias Proibidas" em "O psicanalista vai ao cinema", vol. 1, p. 77.

11 Ver "Beleza americana" O psicanalista vai ao cinema, vol. 1, p. 109.

12 Ver "Tudo sobre minha mãe" em O psicanalista vai ao cinema, vol 1, p. 103.

13 Ver "Na captura dos Friedmans" em "O psicanalista vai ao cinema", vol 2, p. 83.

14 Ver "Uma babá quase perfeita" em "O psicanalista vai ao cinema", vol 1 p. 37.

ocupando a vacância e a omissão de um pai legítimo, um pai com *auctoritas*? Satisfariam eles a nostalgia por esse pai? A aceitação pelas massas de tais políticos significaria que é melhor ter um pai mesmo que perverso ou louco do que não ter nenhum e ficar entregue ao poder das mães?

Zizek desenvolve uma hipótese neste sentido, no comentário ao filme *A Estrada Perdida* (*Lost Highway*, 1997), de David Lynch.[15] Ali contrapõe as figuras paternas mostradas em *Festa de família* (*Festen*, 1998), de Thomas Vintenberg, e *A vida é bela* (La vita è bella, 1997), de Benigni. O primeiro fala de um patriarca que tem suas práticas incestuosas desmascaradas pelos filhos no dia de seu aniversário de 60 anos, o outro aponta para um pai maternalizante que "protege" o filho da dura realidade de um campo de concentração. Zizek diz ser melhor ter um pai louco e sedutor, como o de Vintenberg, do que o pai maternal de Benigni. Estende seu argumento para explicar a Síndrome das Falsas Lembranças (*False Memory Syndrome*), epidemia de histeria coletiva que acometeu os Estados Unidos nos anos1980 e 1990, quando milhares de pessoas "recordaram" ter sido vítimas de abusos sexuais e torturas por parte de seus pais. Esta nova eclosão da antiga "teoria da sedução" de Freud foi entendida por Zizek como uma tentativa desesperada de recuperar a interdição simbólica do pai por parte da sociedade norte-americana inteiramente entregue ao poder das mães. Ou seja, a Síndrome das Falsas Lembranças evidenciava que é melhor ter um pai violento e estuprador do que não ter nenhum e ficar no lugar fusional psicótico com a mãe (p. 30, 34).[16]

A idealização do pai na figura de Hitler, como vemos em *O Triunfo da Vontade* (*Triumph des Willens*, 1935), paradigmático

---

15 Ver "A estrada perdida" em "O psicanalista vai ao cinema" vol. 1, p. 49.

16 Zizek, Slavoj – The art of the ridiculous sublime – on David Lynch´s Lost Highway, Walter Chapin Simpson Center for the Humanities, University of Washington, Seattle, USA, 2000.

filme de Leni Riefenstahl,[17] responderia ao mesmo anseio interpretado por Zizek? Seria o delírio megalomaníaco do povo alemão identificado com o Führer um efeito do declínio da autoridade paterna, uma maneira de tentar resgatá-la?

*O Triunfo da Vontade* mostra de forma estilizada e ritualística a ascensão ao poder de uma liderança espúria, ilegítima, sem *auctoritas* – apesar de ter ela fabricado para si mesma um elaborado aparato legal, configurando assim de forma também radical a profunda dissociação entre o direito (as leis) e a justiça, como pensa Derrida. *Os Falsários* (Die Fälscher, 2007), de Stefan Ruzowitzky – assim como muitos outros filmes ambientados em campos de concentração – coloca a questão de forma mais concreta, mostrando o exercício ensandecido do poder, a onipotência narcísica no trato com o outro, que é visto como objeto desprezível a ser descartado.

Esses filmes ainda preservam um verniz ideológico racionalizador que encobre o tumulto das implícitas motivações inconscientes, o que não acontece com *Salò ou 120 Dias de Sodoma* (1975), filme de Pasolíni que caracteriza o campo de concentração como a expressão máxima de um narcisismo absoluto que exerce um poder desenfreado sobre o outro, visto como mero alvo de incontidas pulsões sexuais e agressivas.

De fato, em *Salò* Pasolini mostra uma aguda percepção da obra de Sade ao transpô-la para o nazi-fascismo e ao equiparar o castelo de Sade aos campos de concentração. Os quatro senhores do castelo estabelecem leis inflexíveis que deverão ser obedecidas por suas vítimas, sobre as quais têm poder de vida e morte. Em seu desejo onipotente de transcender os limites estabelecidos pela cultura, eles se entregam à prática da coprofagia, vivida como a marca da excepcionalidade, aquilo que lhes dá a ilusão de estar numa posição

---

17 Ver O "triunfo da verdade" em O psicanalista vai ao cinema, vol. 2, p. 179.

de inacessível superioridade em relação ao comum dos mortais. São deuses que se divertem ao ver a fragilidade e a dor dos humanos. Pasolini, entretanto, não deixa de apontar para a cumplicidade, a apatia, a inércia e a indiferença das vítimas frente a seus tenebrosos algozes, como mostra a chocante cena final.

O mesmo anseio pelo poder simbólico do pai que Zizek detecta na Síndrome das Falsas Lembranças e, eventualmente, na idealização de líderes totalitários, poderia estar presente nas democracias atuais, nas quais o poder ilegítimo e sem *auctoritas* se exerce de forma mais sutil, através da corrupção, da manipulação da informação e da propaganda política. Dever-se-ia a este desejo – entre tantas outras variáveis, como as crenças ideológicas, a alienação, a ignorância – à aceitação passiva por parte da sociedade de todos os abusos e mentiras de políticos eleitos por ela mesma?

# 28. *Considerações sobre Cinema e Psicanálise, ilustradas com observações sobre os filmes Cidade dos sonhos* (*Mulholland Drive*, 2001) e *Império dos sonhos* (*Inland Empire*, 2006), de David Lynch[1]

A meu ver, só podemos falar da relação entre cinema e psicanálise a partir de um ponto de vista mais amplo: aquele que liga a psicanálise à produção artística e cultural como um todo. Quando se aproxima a psicanálise da arte e da cultura, muitas vezes se tropeça – ainda hoje – com a questão da chamada "análise aplicada".

Desprezada por alguns, que a veem como um uso indevido e equivocado do acervo teórico-clínico psicanalítico, outros a consideram um setor legítimo da psicanálise, que proporciona uma troca rica com outras disciplinas e áreas de conhecimento. Recordo de André Green, que dedica ironicamente seu livro *O Desligamento* para "aqueles colegas que não acreditam na possibilidade de uma

---

1 SINAL, 5., 2009, Minas Gerais. Caxambu, MG: Universidade Vale do Rio Verde (UNINCOR). [Anais] Mesa: Máquina de identificação/Metástases: cinema e psicanálise.

psicanálise aplicada".[2] Aqui retomo essa questão,[3] pois me parece difícil falar de cinema e psicanálise sem mencioná-la.

Sabemos que foi a partir da clínica que Freud descobriu a dimensão inconsciente do psiquismo. Inicialmente descrita no discurso histérico, logo é reconhecida por ele nos demais quadros psicopatológicos e no funcionamento mental dos ditos "normais", nos quais se evidencia por meio de atos falhos, sonhos, fantasias, desejos. Freud constata, que o inconsciente pode ser detectado em toda e qualquer manifestação do psiquismo humano, desde as mais simples e rudimentares até as mais complexas produções culturais, como a arte, a religião, a filosofia.

Assim, desde o início, Freud entendeu que a psicanálise não se restringia a sua dimensão terapêutica e procurou expandi-la para os demais domínios das ciências do espírito, procurando estabelecer relações com especialistas daquelas áreas. Na declaração dos objetivos da *International Psychoanalytical Association* (IPA), a análise aplicada ocupa um lugar de destaque. Apesar disso, Freud mantinha uma ambivalência a respeito do uso ampliado da psicanálise, talvez temendo maiores ataques de seus inimigos ao vê-la utilizada em assuntos que poderiam ser considerados pouco sérios e não científicos, como na leitura de obras de arte. Entretanto, essa ambivalência não diminuiu seu interesse pelo assunto, como se vê em sua produção, especialmente a dos últimos anos de sua vida.[4]

---

2 GREEN, A. *O Desligamento: Psicanálise, Antropologia e Literatura*. Rio de Janeiro: Imago, 1994.

3 Abordei mais extensamente essa questão em outro artigo: TELLES, S. *Mas não é psicanálise 'aplicada' o que nos propõe Derrida?*. Disponível em: www.estadosgerais.org/atividades_atuais/telles-psicanalise_aplicada.html

4 Entre os títulos de análise aplicada escritos por Freud, podemos citar: *Tipos psicopáticos no palco* (1905-6/1942), *A psicanálise e a determinação dos fatos nos processos jurídicos* (1906), *O esclarecimento sexual das crianças* (1907), *Delírios e sonhos na "Gradiva" de W. Jensen* (1907), *Escritores criativos e devaneio* (1908), *Contribuições para uma discussão acerca do suicídio* (1910), *A significação anti-*

A ambivalência frente à análise aplicada, que se inicia com Freud e persiste até os dias de hoje, decorreria de uma resistência a fazer todos os desdobramentos que a descoberta do inconsciente não só permite como exige?

Derrida dá uma boa resposta a essa questão. Ele tem no pensamento psicanalítico um dos pilares de sua obra tão peculiar, e a desconstrução, procedimento pelo qual ficou famoso, "prolonga (a herança freudiana) em uma necessidade hiperanalítica, colocando em jogo o desejo ou a fantasia de reunir-se ao originário, ao irredutível, ao indivisível", como disse Renê Major.[5]

Em seu texto de 2000, *Estados d'Alma da Psicanálise*, Derrida convoca os psicanalistas a participar mais intensamente dos debates que envolvem as grandes questões da atualidade. Ali confirma o que já sabemos: "que o mundo é hostil e resiste à psicanálise. Mas – continua ele – é importante reconhecer que a psicanálise também resiste ao mundo e – mais grave – resiste a si mesma, numa atitude autoimunitária". Com isso, Derrida denuncia a ausência da

---

*tética das palavras primitivas* (1910), *Leonardo da Vinci e uma lembrança de sua infância* (1910), *Os sonhos no folclore* (1911), *O interesse científico da psicanálise* (1913), *O tema dos três escrínios* (1913), *Algumas reflexões sobre a psicologia do escolar* (1914), *O Moisés de Michelangelo* (1914), *Reflexões para os tempos de guerra e morte* (1915), *Uma recordação de infância de Dichtung und Wahreit de Goethe* (1917), *O estranho* (1919), *Psicanálise e telepatia* (1921), *A cabeça de Medusa* (1922), *Sonhos e telepatia* (1922), *Uma neurose demoníaca do século XVII* (1923), *Dostoiévski e o parricídio* (1928), *O parecer do perito no caso Halsmann* (1931), *Por que a guerra?* (1933), *Anti-semitismo na Inglaterra* (1938) e *Um comentário sobre o antissemitismo* (1938).

Isso sem falar em seus grandes textos ditos "sociológicos" ou de "psicologia social", que não deixam de ser psicanálise aplicada. Nessa linha se incluem: *Moral sexual "civilizada" e doença nervosa moderna* (1908), *Totem e tabu* (1913), *Psicologia de grupo e a análise do ego* (1921), *O futuro de uma ilusão* (1927), *O mal-estar na civilização* (1930) e *Moisés e o monoteísmo* (1939).

5 MAJOR, R. *Lacan com Derrida*. Rio de Janeiro: Civilização Brasileira, 2002, p. 22-3.

psicanálise no enfrentamento de questões nas quais sua contribuição é imprescindível. Como exemplo, refere-se ao problema do Mal. Se antes havia a resposta religiosa, que dizia ser o Mal decorrência do pecado, com o esvaziamento do discurso religioso, a psicanálise pode oferecer ideias consistentes a esse respeito. É ela que oferece a compreensão de dinamismos inconscientes que estão na origem da agressividade, da destrutividade, do sadismo, do masoquismo. A psicanálise traz subsídios que permitem lidar com essas forças no íntimo de cada um e em nível grupal, coletivo, social e talvez até mesmo no nível da organização dos estados e das relações políticas entre eles. É nesse contexto que o pensamento psicanalítico é absolutamente necessário e sua omissão mais evidente e lamentada. Derrida diz: "Esperamos, atualmente, novas 'Considerações atuais sobre a guerra e a morte' e um novo 'Por que a guerra?' ou, pelo menos, novas leituras de textos deste gênero".[6] No momento atual, diz Derrida, a contribuição do pensamento analítico é indispensável nos campos da ética, da política e do jurídico.[7]

Dessa forma e sem mencioná-la, Derrida termina por desconstruir a relutância frente ao que se convencionou chamar de análise aplicada, relutância essa muito mais marcante na psicanálise francesa que na inglesa, segundo Roudinesco.[8] Se Derrida, indiretamente e de forma mais ampla, desconstrói as críticas à análise aplicada, outros autores voltam ao assunto de maneira mais pontual.

Citando Moore e Fine, Esman define "análise aplicada" como "o uso de conhecimentos obtidos pela psicanálise clínica para alargar e aprofundar a compreensão de vários aspectos da natureza, da cultura e da sociedade humanas".[9] Ou seja, para Esman, a contraposição em

---

6 DERRIDA, J. *Estados d'Alma da Psicanálise: o impossível para além da soberana crueldade*. São Paulo: Escuta, 2001, p. 21.

7 DERRIDA, J. *ibid*, p. 79.

8 ROUDINESCO, E. *ibid*.

9 ESMAN, Aaron H. What is 'applied' in 'applied psychoanalysis'? *International Journal of Psychoanalysis*. v. 79, p. 741, 1998.

jogo é entre "análise clínica" e "análise aplicada". Diz ele que esta divisão entre a análise aplicada e a "clínica" ou "pura", é arraigada na crença de que somente na clínica as hipóteses teóricas são elaboradas e postas à prova.

Esman mostra que essa divisão não procede, pois muitos elementos importantes da teoria não derivaram do contato clínico direto com o paciente e sim do que poderia ser chamado de análise "aplicada", fato também lembrado por Roudinesco. São muitos os trabalhos de análise "aplicada" realizados por Freud que tiveram grande repercussão teórico-clínica, como "Leonardo da Vinci e uma lembrança de sua infância" (1910), no qual propõe hipóteses sobre o homossexualismo; "O caso Schreber" (1911), no qual estuda a paranoia; *Psicologia das Massas e a análise do Eu (1921)*, fundamental para a elaboração da Segunda Tópica. Da mesma forma, acrescenta ele, podemos pensar que trabalhos fundamentais como "A Interpretação dos Sonhos", "O Chiste e sua relação com o inconsciente", "A psicopatologia da vida cotidiana" tampouco derivaram da experiência clínica propriamente dita.

O mesmo ocorre com as interpretações seminais de *Édipo Rei* e *Hamlet*, feitas por Freud em suas cartas a Fliess. Segundo Esman, os trabalhos de análise aplicada podem ser extremamente úteis na transmissão e na divulgação da psicanálise, na medida em que expõem ao estudante e demais interessados a maneira como o analista elabora suas interpretações e construções a partir do material que se lhe apresenta e ao qual os leitores têm pleno acesso, o que não aconteceria com os casos clínicos. Nestes, por questões de confidencialidade, parcelas relativamente extensas do material necessitam ser suprimidas, o que impede que o leitor siga passo a passo os processos dedutivos e emocionais do analista na criação de interpretações e construções. Nos trabalhos de análise aplicada, o leitor pode aferir a propriedade ou inadequação das interpretações propostas pelo analista, sem que este possa justificar seus eventuais equívocos alegando estar seu raciocínio baseado em material desconhecido do leitor em função do sigilo profissional.

Para polemizar ainda mais contra os que atacam a análise aplicada, Edelman diz que o próprio tratamento é uma "aplicação" da psicanálise, ideia compartilhada pelo próprio Freud, que disse em *A Questão da análise leiga*:

> *Como uma 'psicologia profunda', uma teoria do inconsciente mental, [a psicanálise] pode tornar-se indispensável a todas as ciências que se interessam pela evolução da civilização humana e suas principais instituições como a arte, a religião e a ordem social. Em minha opinião, ela já proporcionou a essas ciências considerável ajuda na solução de seus problemas. Mas essas são apenas pequenas contribuições em confronto com o que poderia ser alcançado se historiadores da civilização, psicólogos da religião, filólogos e assim por diante concordassem em manejar o novo instrumento de pesquisa que está a seu serviço.* O emprego da análise para o tratamento das neuroses é somente uma de suas aplicações; o futuro talvez demonstre que não é o mais importante.[10] *(grifo do autor).*

Deixando de lado as resistências quanto à psicanálise aplicada, voltemo-nos para as contribuições de Freud no campo da arte.

Para Freud, ao contrário do homem comum, o artista tem um acesso mais fácil a seu próprio inconsciente decorrente de uma repressão menos eficaz e de uma extraordinária capacidade para

10 FREUD, S. *A questão da análise leiga*. Standard Edition. Vol. 20. Rio de Janeiro: Imago, 1976, p. 280-1.

sublimar. Isso faz com que possa mergulhar em suas profundezas internas e de lá voltar com material com o qual cria suas obras. O homem comum produz sintomas com os conteúdos inconscientes, o artista produz arte. Enquanto os sintomas são incompreensíveis até mesmo para seu portador, que necessita de um analista para interpretá-lo, o artista – driblando a repressão – simboliza e representa tais conteúdos inconscientes, o que possibilita a identificação do público com a obra. Além do mais, o artista proporciona um duplo prazer ao público, aquele decorrente da economia da repressão e o estético.

Esses temas vão aparecer de modo extensivo ou incidental em *Três ensaios* (1905), *O Chiste e a relação com o in consciente* (1905), *Tipos psicopáticos no palco* (1905-6, 1942), *Gradiva* (1907), *Escritores criativos e devaneios* (1908), *Leonardo da Vinci* (1910), *Totem e tabu* (1913), *Moisés de Michelangelo* (1914), *Alguns tipos de caráter encontrados no trabalho analítico* (1916), *Conferências Introdutórias* (1916-7), *O estranho* (1919), *Um estudo autobiográfico* (1925), *O Futuro de uma ilusão* (1927), *Dostoiévski e o parricídio* (1928) e *O Mal-estar na civilização* (1930).

Vejamos o texto "Dostoiévski e o parricídio", no qual Freud interpreta a mente do artista e estabelece correlações com sua obra, assim como o curto artigo "A Cabeça de Medusa", no qual mostra como interpreta o material inconsciente numa determinada obra. No texto sobre Dostoiévski, Freud parte dos acontecimentos da infância do escritor e de seus sintomas e comportamentos na vida adulta para estabelecer a hipótese de ter tido ele uma configuração edipiana específica em função de uma predisposição bissexual mais pronunciada do que o habitual. Isso teria feito com que a normativa ameaça de castração por parte do pai nele não produzisse os efeitos esperados, pois se por um lado era temida, por outro era desejada, desde que o deixava como objeto amoroso do pai. Assim, ficaram reprimidos tanto o desejo de se livrar do pai e se apossar da mãe, como o desejo de ocupar o lugar da mãe frente ao pai enquanto objeto amoroso. O temperamento violento do pai teria tido um papel importante nessa situação, estimulando em Dostoiévski o ódio contra ele e o subsequente medo de sua retaliação; mas também a tendência a adotar diante do pai uma posição submissa, feminina e masoquista. Como consequência, em sua constituição psíquica, o ego se posiciona de forma passiva e masoquista frente ao superego sádico representante do pai, o que se evidenciava clinicamente como o sentimento de culpa e a necessidade de punição que atormentavam Dostoiévski.

Em sua biografia, vê-se que o escritor fazia demonstrações de uma excessiva bondade, uma clara formação reativa contra seus impulsos agressivos. Sua homossexualidade latente transparecia na importância que dava às amizades masculinas e à atitude condescendente que tinha com seus rivais amorosos. Por outro lado, Freud considerava que sua suposta epilepsia representava uma identificação com o pai morto. Em sua primeira infância, Dostoiévski padecera de um grande medo da morte e sofria de desmaios. Tais desmaios se deviam à identificação com o pai e à culpa em relação a ele. Era como se dissesse: "desde que desejo que meu pai morra, como punição mereço a morte"; ou "mereço que meu pai me mate, pois desejei matá-lo". Os desmaios satisfaziam simultaneamente os desejos reprimidos de ser o pai e de ser o objeto passivo de seu amor. Tais desmaios se agravaram e passaram a ser diagnosticados como ataques epiléticos após o assassinato do pai, quando Dostoiévski tinha dezoito anos. Freud interpreta o grande conservadorismo político de Dostoiévski como um desdobramento de seu conflito com o pai, na medida em que se submetia de forma incondicional ao tsar, um claro substituto paterno. Da mesma forma, suas fantasias de ocupar o lugar de Cristo inconscientemente expressaria o desejo de ser, ao mesmo tempo, o pai e sua vítima. Sua compulsão pelo jogo condensava vários desses conflitos, centrando-se numa atitude de submissão e afrontamento frente ao destino, visto como representante do pai. Além disso, teria uma conotação masturbatória, na medida em que implicava o uso das mãos numa atividade proibida e censurada.

Toda esta dinâmica de Dostoiévski vai aparecer de forma disfarçada, deslocada e condensada em sua obra-prima *Os Irmãos Karamazov*, como Freud mostra.

Vê-se como Freud estrutura sua interpretação: a partir dos atos, comportamentos e sintomas presentes na via adulta do escritor, ele rastreia situações infantis que poderiam explicá-las dentro de seus pressupostos teóricos. Tais elementos são necessários, mas não suficientes para explicar a obra de arte, pois a isso se acrescenta a específica dotação criativa que transforma esse material em arte e não em sintomas. É importante relembrar este texto de Freud, pois é frequente se ouvir críticas às interpretações de dados biográficos de escritores e o estabelecimento de ligações entre eles e a produção artística.

Vejamos agora, com o texto "A cabeça de Medusa", a forma como Freud interpreta uma obra em si, sem vinculá-la aos dados biográficos de seu criador. Diz a mitologia que Medusa era uma das três górgonas que tinham serpentes como cabelos e cuja visão aterrorizadora transformava em pedra os que ousassem olhá-las. Medusa foi morta e teve a cabeça decepada por Perseu. Mesmo assim, seu poder de aterrorizar se manteve, fazendo com que Perseu a usasse como arma e depois a oferecesse à deusa Atena, que a colocou em seu escudo. Por que a visão da cabeça decepada de Medusa provocaria tão poderosa reação? Freud explica que o terror que ela desperta vincula-se com a experiência traumática ocorrida na infância de qualquer ser humano, ao constatar a diferença anatômica entre os sexos. No início da vida, segundo ele, a criança (quer seja menino ou menina) pensa que todos os adultos têm um falo. Em algum momento, ele terá oportunidade de ver os genitais de uma mulher adulta (mais comumente, de sua mãe) e esta visão o deixará aterrorizado. Se for um menino, ele vai pensar que a ausência do pênis se deve ao fato de ter sido ele cortado, algo que poderia acontecer com o seu, instalando-se nele a angústia de castração. Se for uma menina, ela se considerará castrada de uma vez por todas e se instalará a inveja do pênis. Assim, para Freud, a lenda da Medusa está diretamente ligada à angústia de castração.

Como o decisivo acontecimento psíquico da descoberta da diferença anatômica entre os sexos pode ser representado ou simbolizado na lenda de Medusa? Em primeiro lugar, por haver um "deslocamento para cima" – a transferência de experiências de forte impacto emocional ligadas à região do corpo abaixo da linha da cintura (mais especificamente, na área genital) para a região mais "neutra" e "segura" acima da cintura. A face representa os genitais, e o terror se desloca para os cabelos de serpentes, que representam os pelos característicos daquela região do corpo, transformados em algo perigoso, que podem atacar e morder.

Por outro lado, se a visão terrífica inicial foi a ausência de pênis, a falta do falo, as serpentes são uma paradoxal e tranquilizadora transformação no oposto. Elas não só dizem que a mulher não é desprovida de falo, como afirmam ser ela possuidora de vários deles. Diz a lenda que as vítimas da Medusa ficavam endurecidas como pedras. O estado de endurecimento ou rigidez simboliza uma ereção, o que representaria uma ousada reafirmação da presença intumescida do falo frente à visão da castração. Em outro nível, o ficar duro como pedra poderia simbolizar o contrário, a morte, a própria castração.

As interpretações sobre a cabeça de Medusa ilustram a maneira de captar os conteúdos inconscientes em uma obra de arte, levando em conta os mecanismos próprios do processo primário – a condensação, o deslocamento, a simbolização – além do revestimento estético que torna mais tolerável os conteúdos inconscientes reprimidos.

Citei um tanto extensamente Freud para relembrar o quanto ele pensou sobre a mente do artista, a obra de arte e seu efeito sobre o público, fornecendo-nos percepções fundamentais sobre o assunto, amplamente desenvolvidas por gerações de analistas. Apesar de muito apreciar a dimensão estética da obra de arte, não era esse o foco de interesse de Freud ao estudá-las psicanaliticamente. Seu interesse estava centrado na consideração de que as obras de arte revelavam muito da realidade psíquica, uma vez que tinha a convicção de que os escritores e artistas em geral possuíam a capacidade de entender com grande acuidade as dinâmicas inconscientes. Assim, a psicanálise tinha muito a aprender com eles, ao mesmo tempo em que poderia deixar mais compreensíveis aspectos obscuros da obra de arte.

Embora Freud tenha dado pouca atenção ao cinema – posição que provavelmente não manteria hoje, se vivo fosse – muitos analistas têm-se interessado pela sétima arte. Mais recentemente, em 1997, Glen Gabbard criou no *International Journal of Psychoanalysis* uma sessão específica para psicanálise e cinema.

Gabbard[11] propõe várias linhas interpretativas para abordar psicanaliticamente os filmes: filme como explicitação da mitologia cultural vigente, filme como reflexo do inconsciente de seu criador, filme como expressão simbólica de momento específico do desenvolvimento psíquico, aplicação dos mecanismos do sonho ao filme, análise da condição do espectador, apropriação de conceitos psicanalíticos pelo criador do filme, e análise de um personagem.

Assim, é dentro destes parâmetros clássicos estabelecidos por Freud para abordagem da arte que situo minha forma de ver o cinema. Acredito que o cinema é um veículo para a divulgação do conhecimento psicanalítico.

---

11 GABBARD, G. O. *The Psychoanalyst at the movies.* International Journal of Psychoanalysis., n. 78: p. 429-434, 1997.

Pode-se pensar ser um tanto anacrônico fazer divulgação da psicanálise mais de 100 anos depois de sua fundação. Não é minha opinião. Atualmente, e mais uma vez, a psicanálise está sob fogo cerrado; desta feita atacada pelo cientificismo que a renega e tenta substitui-la pelo cognitivismo, uma nova versão das psicologias pré-freudianas, centradas na consciência, que ignoram completamente o inconsciente. Em função de vários fatores – como a política de saúde controlada por planos privados de assistência médica, as pressões da indústria farmacêutica, a exigência de padrões de cientificidade impossíveis de serem aplicados à psicanálise – nos Estados Unidos ela foi praticamente escorraçada das escolas de medicina e psicologia e se refugiou nos departamentos de língua e literatura.

Sendo assim, ao escrever sobre cinema tenho em mente a divulgação da psicanálise para o grande público. Ao interpretar os conteúdos inconscientes presentes no enredo, nos personagens e na linguagem cinematográfica, penso não estar muito distante da forma como ajo na clínica. Em ambos os lugares, disponho-me a captar o que me é mostrado e a partir daí procuro buscar novos significados e representações, elaborar hipóteses interpretativas e construções analíticas. Com isso desejo mostrar aos interessados como funciona a mente do analista frente ao material que tem de trabalhar, dando-lhe a oportunidade de constatar a pertinência ou inadequação das interpretações propostas. Por outro lado, estou atento para aquilo que a criatividade e a inventividade do artista, bem como sua capacidade de representar e simbolizar, podem ensinar-me a respeito do funcionamento do inconsciente.

Encerro este capítulo comentando dois filmes de Lynch, que considero um dos mais importantes e originais criadores em ação no momento. São eles *Cidade dos Sonhos* e *O Império dos Sonhos*. O que mais chama a atenção nestes dois filmes é a estrutura narrativa que reproduz, de maneira muito próxima, as formas do processo primário característico dos sonhos. Neles prevalecem os mecanismos de condensação e deslocamento, as cisões e um específico tratamento do tempo, no qual presente, passado e futuro coexistem, bem como a peculiaridade de a compreensão só ocorrer na modalidade *après-coup*. Além do mais, Lynch propositadamente abandona pressupostos básicos da narrativa cinematográfica, ao fazer atores diferentes interpretarem o mesmo personagem.

Em *Cidade dos Sonhos* (*Mulholland Drive*), somente ao final entendemos que aquilo que nos foi mostrado era uma espécie de rememoração da vida de uma mulher toxicômana em seu leito de morte. Este relembrar inicia com uma versão idealizada e perfeita de si mesma, em que está negado e reprimido tudo aquilo inaceitável a seu superego e ideal do ego. Mas essa versão idealizada está permanentemente ameaçada, pois os aspectos negados e reprimidos retomam sob a forma de elementos bizarros e estranhos, trazendo consigo toda a insuportável carga de desespero e melancolia.

Vemos no início do filme uma jovem ingênua e bem-nascida chegando a Hollywood, onde se hospeda na casa de uma tia, atriz famosa, que irá apresentá-la a diretores importantes e introduzi-la nos grandes estúdios. Ao chegar à casa da tia, que está viajando, ela se depara com uma mulher que escapara de um acidente e está desmemoriada. A moça bondosamente vai tentar ajudá-la a recuperar a identidade, procurando rastrear as pistas que encontra. No desenvolvimento desses episódios, ocorrem várias incidências do bizarro: o velho casal com quem viajava no avião, a figura monstruosa na lanchonete, o estranho espetáculo teatral no qual o mestre de cerimônias prova que tudo é ilusão (cenas famosas "silêncio", "no hay banda"), a máfia, a chave azul e sua caixa. Esses retornos do reprimido desestabilizam a versão idealizada e terminam por destruí-la. É quando descobrimos a verdadeira história da personagem. Ao contrário da edulcorada versão inicial, evidencia-se ser ela uma moça de origem modesta que, como tantas outras, fracassara em sua busca de fama e fortuna em Hollywood. O sucesso acontecera para uma amiga com quem tinha uma relação homossexual. A amiga, que lhe dá pequenos papéis nos filmes em que é a estrela principal, está prestes a se casar com um diretor poderoso. Tomada por ciúme e inveja, a moça se entrega à bebida e às drogas, e contrata um assassino para matá-la. Compreendemos que, em seu leito de morte, ela tentava reconstruir delirantemente sua vida, recriando as situações de modo a suprimir as evidências de seus impulsos destrutivos. É como se dissesse: "não é verdade que mandei matar minha amiga e amante, eu sempre a protegi e cuidei dela". Entendemos então várias cenas até então incompreensíveis, assim como são ressignificadas falas e situações de diversos personagens. Por exemplo, as cenas que ocorrem na lanchonete onde aparece a figura monstruosa: havia sido naquele local onde a moça contratara o assassino para matar a amiga, e tal figura é a projeção de seus desejos assassinos.

Como diz Zizek,[12] Lynch não teme o ridículo e o exagero, tanto quanto o próprio inconsciente, que procura se expressar nas frestas e falhas do discurso racional consciente. Morrendo drogada na cama, a personagem tenta montar uma identidade que atenda às exigências do ideal do ego, mas ela não se sustenta; é abalada progressivamente pelo superego e pelo ego consciente, que a confrontam com a realidade factual e com a realidade psíquica da culpa frente ao crime realizado.

Esta intrincada estrutura narrativa é levada a um patamar de maior complexidade em *Império dos Sonhos* (*Inland Empire*). O próprio título é polissêmico. Se explicitamente significa "império (do) interior", cujas ressonâncias remetem ao psiquismo, às fantasias e sonhos inconscientes, ele tem outra conotação muito específica, pois "Inland Empire" é a denominação de uma região

12 ZIZEK, S. *Tire art of the ridiculous sublime: On David Lynch's "Lost Highway"*. Seatlle: The Walter Chapin Simpson Center for Humanities, University of Washington, 2000, p. 22.

da Califórnia caracterizada pela forte industrialização e pelos altos índices de criminalidade.

Nesse filme, o expectador se depara com várias linhas narrativas que se entrelaçam de maneira aparentemente aleatória. Uma delas, com a qual o filme começa, mostra uma prostituta num quarto de hotel na Polônia, sozinha, chorando ininterruptamente, enquanto olha a televisão, na qual passa um estranho programa com personagens com cabeças de coelho. A segunda mostra Nikki, uma grande estrela de cinema que retoma à ativa, depois de afastada em função de um casamento com um polonês mafioso rico e poderoso. Paulatinamente vamos ver Nikki confundindo sua identidade com a de Sue, a personagem que interpreta. A terceira (que poderia, por sua vez, desdobrar-se em duas ou mais ainda) apresenta-se quando vemos Sue não mais se enquadrar nas características da personagem que Nikki interpretava, mas ter uma vida autônoma, em diferentes etapas cronológicas – ora ainda jovem prostituta nas ruas da Polônia; ora recém-casada com um imigrante polonês e vivendo num região pobre norte-americana; ora como velha prostituta contando para um impassível interlocutor uma vida cheia de violências e morrendo assassinada numa esquina mítica de Hollywood. No final do filme, Nikki/Sue entra no quarto onde chora a moça polonesa e a beija, desaparecendo no ar, libertando-a do suposto cativeiro. Numa compreensão *après-coup*, entendemos que a moça que chora no quarto – tal como a personagem de *A Cidade dos Sonhos* – faz uma longa meditação sobre sua vida, recuperando o passado e imaginando diferentes possibilidades para o futuro. Ela se imagina como Nikki, uma grande estrela do cinema, mas também, e ao mesmo tempo, pensa como poderia terminar sua vida se continuasse na prostituição – seria uma velha amarga morrendo de forma miserável nas ruas, sem ninguém para confortá-la. Relembra o início de seu casamento, as traições, a imigração para os Estados Unidos, as violências sofridas nas mãos da máfia, as amigas prostitutas com quem compartilhara a vida difícil. Após essa meditação, termina voltando para a vida humilde com o marido e o filho. O fio condutor que une todos esses fragmentos é a Polônia.

*Império dos Sonhos* incorpora em seu enredo um projeto que Lynch realizou para seu site na internet, os pequenos filmes que chamou de *Rabbits*. Nesses filmes, que se apoiam no modelo das *sitcom* (*situation comedy*, seriados de comédia para televisão, nos quais se ouve as manifestações do público, especialmente as risadas), Lynch faz uma radical crítica à televisão comercial e à classe média. No filme esse é o programa de televisão visto pela prostituta polonesa que chora no hotel, que sequer tem um nome, e que descobrimos ser a protagonista ao se desfazer o deslocamento que colocava Nikki/Sue ocupando tal lugar. Neste contexto, o "Rabbits" pareceria uma irônica e desiludida crítica de Lynch à idealização da vida suburbana convencional feita pela prostituta.

É arriscado fazer qualquer interpretação taxativa sobre um filme com tamanha complexidade, no qual prevalecem o deslocamento, a cisão, a projeção e a simbolização, e no qual o sentido foi propositadamente esmigalhado e disseminado numa pletora de personagens dispersos em tempos diversos, cercados de episódios francamente bizarros e que, no fundo, podem ser apenas representantes da identidade fragmentada de um único desses personagens.

Esta que aqui ofereço é apenas uma das possíveis formas de recuperar o significado deste imenso quebra-cabeça que Lynch cuidadosamente montou, evocando, em seu radical descentramento, as estruturas oníricas. É engraçado que ele se dê ao luxo de dizer em entrevistas que *Império dos Sonhos* foi filmado ao sabor da improvisação do momento.

A fascinação que sinto em tentar compreender os filmes de Lynch muito se aproxima da forma com a qual me coloco frente a uma análise, quando a versão que o analisando apresenta de si mesmo é desfeita e refeita no crivo da transferência. A partir de sua narrativa fragmentada, embaralhada, descentrada, condensada e deslocada, o trabalho analítico procura construir um sentido que integre tudo aquilo que até então estava reprimido, cindido e produzindo sofrimento psíquico.

**GRÁFICA PAYM**
Tel. [11] 4392-3344
paym@graficapaym.com.br